KB037858

게오르그 짐멜 선집 • 4

개인법칙

게오르그 짐멜 선집 • 4

개인법칙

새로운 윤리학 원리를 찾아서

김덕영 옮김

도서출판 길

게오르그 짐멜 선집 • 4

개인법칙

새로운 윤리학 원리를 찾아서

2014년 11월 20일 제1판 제1쇄 인쇄
2014년 11월 25일 제1판 제1쇄 발행

지은이 | 게오르그 짐멜
옮긴이 | 김덕영
펴낸이 | 박우정

기획 | 이승우

펴낸곳 | 도서출판 길
주소 | 135-891 서울 강남구 신사동 564-12 우리빌딩 201호
전화 | 02) 595-3153 팩스 | 02) 595-3165

등록 | 1997년 6월 17일 제113호

© 김덕영, 2014. Printed in Seoul, Korea

ISBN 978-89-6445-098-7 94330

정신의 자유는 **정신**에 의한 구속이다.

왜냐하면 모든 자유는 곧 지배를 의미하기 때문이다.

— 게오르그 짐멜—

이 책은 1858년 3월 1일에 태어나 1918년 9월 26일에 세상을 떠난 게오르그 짐멜의 탄생 150주년을 기리기 위해 그의 철학적-윤리학적 핵심 개념을 담은 저작을 우리말로 옮긴 것이다.

차례

일러두기

1. 이 책의 원서는 총 다섯 부분으로 나뉘어져 있다. 그 가운데 네 부분은 긴 줄표(—)로 나누어 있으며, 나머지 한 부분은 '중간 고찰'이라는 제목이 붙어 있다. 이에 따라 옮긴이가 책을 다섯 개의 장으로 구분하고 각각의 장에 제목을 붙였다. 그리고 '중간 고찰'에도 그 내용을 감안하여 '이론적 고찰'이라는 부제를 달았다.
2. 이 책의 각주는 제5장의 3만 원주이고 그 나머지는 모두 옮긴이주이다. 원주의 경우에는 끝부분에 '– 원주'라고 표시했다.
3. 문장부호 —, ( ), !는 모두 원문에 있는 것이다. 원문에 있는 쉼표를 줄표로 표시한 경우에는 다음과 같이 옮긴이주를 달았다. "이 부분은 원래 쉼표로 처리되어 있는 것을 옮긴이가 줄표로 바꾼 것이다." 또한 원문에 있는 쉼표를 괄호로 표시한 경우에는 다음과 같이 옮긴이주를 달았다. "이 부분은 원래 쉼표로 처리되어 있는 것을 옮긴이가 괄호로 바꾼 것이다." 그리고 원문에 없는 줄표를 넣은 경우에는 다음과 같이 옮긴이주를 달았다. "이 부분에는 원래 줄표가 없는데 옮긴이가 추가했다."

제1장

형식으로서의 현실과 당위

우리가 어느 객체를 '현실적인 것'이라고 표현하면, 우리는 이와 더불어 그 객체의 전달 가능한 내용에 일관성을 부여한다고 생각한다. 다시 말해 우리는 이 내용에 이미 그 자체만으로도 동일한 내용을 표상하는 다른 모든 방식—그 객체의 현실의 주관적인 파생어인 환상적인, 순수하게 개념적인, 가치의 등급을 매기는 또는 예술적인 표상 방식—[1]과 대립되는 일종의 절대성을 부여한다고 생각한다. 그런데 엄밀하게 관찰해 보면, 현실의 범주에 속하는 객체의 특수한 지위 또는 우월적인 지위는, 우리가 일반적으로 이 객체를 연대기적으로 첫 번째 것으로서 그리고 실천적인 근거에서 보면 가장 중요하고 자연스

1) 이 부분에는 원래 줄표가 없는데 옮긴이가 추가했다.

러운 것으로서 체험한다는 사실을 의미할 뿐이다. 우리는 말하자면 우선 사물들을 그 현실의 형식에서 전체적으로 바라봄으로써 이 형식에서 제공되는 사물들의 내용을 파악해야 한다. 그래야만 비로소 사물들의 내용을 다른 범주들에 편입할 수 있다.

그러나 이것은 어디까지나 심리학적 필연성일 뿐, 사물들이 갖는 객관적인 품격의 다양한 질서를 드러내거나 야기하지 않는다—이는 어떤 개념적 내용을 외국어로 표현하면 사물들이 갖는 객관적인 품격의 다양한 질서가 드러나거나 야기되지 않는 것과 마찬가지다. 그러기 위해서는 사전에 그 개념적 내용이 모국어에서 어떻게 표현되는지를 알아야 하는데, 이는 모국어로 표현하는 것이 외국어로 표현하는 것보다 우월하다는 것을 전제한다. 실제로 현실도 단지 하나의 **형식**에 (그러므로 단지 **하나의** 형식에) 지나지 않는다. 다시 말해 현실은 우리가 사물의 내용을 수용하는 다양한 형식 가운데 하나이며, 따라서 현실의 형식이 사물의 내용에 대해 지니는 관계는 사물의 내용을 과학적 체계나 예술적 창작의 범주, 소망이나 가치의 범주에 입각해 사고하는 것보다 결코 더 협애하지도 탁월하지도 않다.

물론 **어느** 객체를 담아내는 현실의 형식은 거기에 깊이 뿌리를 내려 완전히 유기적으로 결합되므로 그 객체의 내용이 다른 범주를 통해 나타나는 경우에도 현실의 형식으로부터 분리될 수 없는 듯이 보인다. 그 자신의 삶을 순전히 삶의 내용에 따라서 예술적·종교적 또는 과학적 관점 아래 정립하는 사람도 그의 삶이 동시에 현실적인 것이라는 점을 안다. 왜냐하면 만약 그의 삶이 현실적이지 않고 현실적으로 체험되지 않는다면 이러한 정립은 결코 실현될 수 없을 것이기 때문이다. 그렇지만 다른 한편 현실은 체험계열에서 누리는 이러한 독점적 지위를 우리가 우리의 삶을 지속적으로 체험하는 제2의 범주와 공유한다고 나는 믿는다. 이 제2의 범주는 말하자면 현실의 범주와 동등하고 어떠한 방식으로든 그리로 소급될 수 없다. 그것은 다름 아닌 **당위**이다—이것은 처음부터 단순히 윤리적인 것이 아니라 말하자면 삶의 의식이 완전히 보편적으로 응집된 상태로 이해해야 한다. 다시 말해 당위에서는 윤리적인 것과 마찬가지로 희망과 충동, 행복주의적 요구와 미학적 요구, 종교적 이상, 아니 심지어 변덕과 반윤리적 욕망이 만난다. 게다가 종종 윤리적인 것과 함께 나타나거나 또는 윤리적인 것과 뒤섞인다. 예컨대 우리는 논리를 우리가 그에 따라서 사고해야 '하는' 규범으로 정의하는데, 이러한 정의에서 당위는 심지어 순수하게 지적인 의미를 획득한다—왜냐하면 만약 논리적 사고가 비도덕적 의도를 가장 합목적적으로 관철하는 데 기여한다면, 윤리적 관점에서 보면 물론 그리 하지 말아야 **하는** 반면, 지적인 관점에서 보면 이는 여전히 당위의 요구에 부합하기 때문이다.

당위를 완전히 이해하려면, 당위를 그 윤리적 의미에서도 지상목표와 이상으로 고착하고 거기로부터 합성하면 안 된다—이는 영혼의 삶을 현실의 범주에 입각해 개별적인 '표상들'이 연속으로 일어나는 것으로 보면 안 되는 것과 똑같은 이치이다. 개별적인 표상들은 단지 끊임없이 흐르는 영혼적 삶의 과정이 논리적이고 불연속적인 것으로 분화되고 결정화된, 그리고 이로써 정당화된 **내용들**에 지나지 않는다.

두 가지 표상, 즉 윤리적 표상과 심리학적 표상은 궁극적으로 부분들로부터 전체를 합성하는 기계론적 경향을 띤다. 그리고 이 기계론적 경향으로 인해 연속적인 흐름 그 자체인 삶과 삶의 당위는 화해가 불가능할 정도로 대립된다—이와 정반대로 부침하는 내용으로 충만한 삶 전체는 현실적인 것이지만 그와 똑같이—긍정적인 의미에서나 부정적인 의미에서나—당위적인 것이기도 하다. 우리는 통상적으로 삶은 주관적인 현실이 전개되는 과정이며 이 현실에는 삶이 솟아나는 질서와 다른 질서에서 유래하는 당위의 이상적 요구가 대립한다고 생각한다. 그러나 이에 대신해 기본적인 통찰은 다음과 같아야 한다. 서로 대립하는 것은 삶과 당위가 아니라 삶의 현실과 삶의 당위이다.

현실과 당위는 의식이 우리의 삶을 그리로 편입하고 삶이 거기에서 체험된다는 점에서 동일한 양태의 범주이다. 그런데 다만 눈에 잘 띄고 외견상 보다 절대적으로 보이는 삶과 현실의 연대(連帶) 때문에 잘못 생각할 뿐이다. 확실히 주체는 늘 삶이 현실적으로 존재하는 바를 의식한다. 그러나 동시에 범주적으로 그와 완전히 무관하게 늘 삶이 존재해야 하는 바를 의식한다. 전자와 후자 모두 동일하게 전체적인 삶이다. 나는 나의 삶이 이러이러한 상태의 것으로서 현실적인 삶이라는 사실을 의식하는 것과 똑같이 나의 삶은 그렇게 또는 그와 완전히 다른 상태의 것으로서 당위적인 삶이라는 사실을 의식한다. 삶은 부단히 흐르면서 현실의 형태나 당위의 형태로 자신의 내용들을 창출한다. 당위는 삶 일반을 초월하거나 삶 일반과 대립하지 않고, 현실적인 것이 그러한 것과 전적으로 동일하게 삶이 자기 자신을 의식하는 방식의 하나이다.

이런 식으로 논하면 우리가 두 가지 삶을 영위하는 것처럼 보일 것이다. 그러나 그렇다고 해서 우리가 삶의 통일성이라고 느끼는 것이 파괴되는 것은 결코 아니다. 왜냐하면 삶의 조류(潮流)는 다양한 지류로 흐른다는 사실과 삶의 가장 깊은 본질은 어떠한 경우에도 통일성과 다양성이라는 논리적 양자택일에 의해 소진되지 않는다는 사실은 이미 오래전에 얻어진 지식이기 때문이다. 비록 우리가 당위의 내용을 어떻게든 우리와 대립되는, 주체에 대한 객관적인 명령으로 경험한다 할지라도, 당위 범주와 현실 범주의 대등한 관계는 포기되지 않는다. 왜냐하면 주체를 주체와 대립되는 객체로부터 분리하는 것—그런데 이러한 분리는 가장 넓은 의미에서의 주체의 내부에서 완전히 객관적인 무엇으로서 진행된다—[2]도 우리의 자의식이 우리의 **현실**을 파악하는 형식이기 때문이다. 타자(他者)처럼 알려지고 분석된, 시인되고 극복된, 이해되고 납득되지 않은 자아는, 알고 분석하는, 시인하고 극복하는, 이해하고 자기 자신에게 불가해한 **바로 그** 자아이다.

이처럼 주체이면서 동시에 객체인 것, 즉 대립적인 주체와 객체를 바로 이 주체와 객체의 대립을 통해서만 자신을 표현하는 통일적인 삶에 의해서 포괄되는 것은 의식적인 정신의 보편적인 도식이다. 그리고 당위로서의 삶도 그 주관적인 진행 과정에 객관적인 명령을 대립시킴으로써 이 도식의 내부로 편입된다—이것은 고유한 자아의 의식이

2) 이 부분에는 원래 줄표가 없는데 옮긴이가 추가했다.

현실로서의 삶의 이원성이듯이 그렇게 당위로서의 삶의 독특한 이원성이다.

당위를 개인의 의식이 모든 개별적인 내용을 넘어서 전체적인 삶을 체험하는 근본적인 양태 중 하나로 파악해야만 비로소 왜 당위의 사실로부터 실질적으로 마땅히 해야 하는 것을 결코 끄집어낼 수 없었던가를 이해할 수 있다. 이러한 모든 시도는 현실의 사실로부터 원래 현실적인 것을 연역할 수 없는 근거와 동일한 근거로 실패할 수밖에 없었다. 우리는 당위의 사실로부터 당위의 내용을 추론하거나 현실의 사실로부터 현실의 내용을 추론하기를 원할 수 있는 것과 마찬가지로, 음악의 특정한 조성(調性)으로부터 그 안에서 어떠한 멜로디가 가능하거나 필연적인가를 추론하기를 원할 수 있을 것이다. 우리에게 제공된 도덕법칙들도 언제나 당위로서 체험되는 내용들의 개념화이다. 그러나 개념화인 도덕법칙들에 의해서는 삶의 미래가 어떠한가를 전혀 예측할 수 없다. 왜냐하면 당위도 삶인 관계로 당위의 형성은 현실적으로 체험된 삶의 형성과 마찬가지로 예언할 수 없기 때문이다.

당위 일반과 모든 개별적인 도덕원리가 주관주의적 특성을 갖는다고 비방하는 것—이러한 비방은 견유학파와 회의주의에서만 볼 수 있는 것은 아니다—[3]은 내가 보기에 다음과 같은 사실에서 그 근거를 찾을 수 있다. 사람들은 당위를 절대적인 일차적 범주로 인정하지 않았고 당위의 배후에 존재하는 원천과 법칙적인 근거를 찾았다. 예컨

3) 이 부분에는 원래 줄표가 없는데 옮긴이가 추가했다.

대 신과 신의 의지, 사회와 사회적 유용성, 이성과 이성의 논리적 가치, 자아와 자아의 선의적인 이해관계 등이 바로 그것이었다.

그런데 사실 여기에는 다음과 같은 순환논리가 은폐되어 있다. 당위의 범주를 추후적으로 수용하고 이를 통해 비로소 윤리적 또는 윤리적-형이상학적 특성을 획득하는 내용들은 이제 당위의 형식을 어떻게든 그 자체로부터 제시해야 한다. 그러나 이런 식으로 당위를 근거 짓는 그 어떤 것도 충분하고 지속적인 것으로 입증되지 않았다. 당위적인 것은 현실적인 것과 마찬가지로 연역될 수 없다. 왜냐하면 만약 현실적인 것이 현세적-경험적 내용을 가지는 신의 의지에서 기인한다고 본다면 일단 신과 그의 의지가 '현실적인 것'으로 생각되어야 하기 때문이다. 그리하여 문제는 원칙적으로 해결되지 않은 채로 남는다. 그리고 전적으로 현실적인 것을 자기원인(causa sui)으로 표현하는 것은 결국에는 기발한 미혹에 지나지 않는다. 왜냐하면 이러한 표현은 논리적으로 상호 배타적인 관계인 야기된 것과 야기되지 않은 것을 **하나의** 개념으로 압착하기를 원하기 때문이다. 윤리적인 측면에서는 의무를 질 의무가 있다는 명제가 이에 상응할 것이다.

당위의 객관성을 인정하는 것의 어려움은 당위의 목적론적 본질에서 벗어나지 못하며 그럼으로써 당위의 주관주의적 기원의 모든 논거를 일일이 확인해 보아야 한다는 사실에 있다. 현실 일반이 원인을 가지지 않는 것과 마찬가지로 당위 일반도 목적을 가지지 않는다는 사실을 통찰해야 한다. 그런 이유로 다음과 같은 공식화—즉 도덕적인 것은, 그저 그것이 도덕적이기 때문에, 또는 그저 그것이 행해지도록 하기 위해, 또는 그저 그것이 마땅히 행해져야 하기 때문에 행해져야 한다—도 역시 그것에 대해 지니는 기본 감정은 정당함에도 불구하고 공식화로서 전혀 적절치 못하다. 왜냐하면 이러한 공식화는 목적론적 계기를 다시 끌어들이기 때문이다. 그러나 당위의 일차적이고 총체적인 본질은 목적론적 계기로부터 자유롭다. 당위는 그 심층에서 모든 목적론과 목적론의 불가피한 주관주의를 초월한다. 게다가 객관성의 가치를 치명적이게도 '현실'(현실의 이념적 법칙과 현실의 수리적이고 논리적 법칙을 포함해)에만 국한한다.

당위에 대해 그것이 다른 것의 근본이 되고 다른 것을 근거지우는 의미를 인정하면, 즉 범주론적으로 다른 것의 원천 현상이 된다는 것을 인정하면, 당위의 가능한 객관성에 대한 이 모든 비판은 곧바로 소멸된다. 이러한 의미가 인정되는 모든 당위의 **내용**이 아주 우연적이고 그때그때 심리학적이고 역사적으로 결정되며, 또한 결코 체계적인 질서를 형성하지 않는다는 것은 논란의 여지가 없다. 그렇다고 해서 그 당위의 내용들을 이념적으로 관통하는 객관성에 어떠한 영향을 끼치는 것은 아니다. 왜냐하면 아무리 빈번히 단순한 소망과 욕망이 당위의 영역으로 고양된다 할지라도, 우리는 이 소망과 욕망이 여전히 순수하게 주관적으로 표상되는 한, 이것을 당위의 요소로부터 아주 정확하게 구분하기 때문이다. 이 요소는 저 당위의 영역을 구성하는 요소들을 부분적으로 또는 전체적으로 지배한다. 당위성의 세계—적어도 도덕적 당위성의 세계—는 요구된 것의 세계로서, 이 요구는 객관적 타당성을 지닌다.

그런데 나는 여기에서 어떻게 윤리적 당위가 전체적인 당위의 영역으로부터 결정적으로 구분되는가를 확증하고자 시도하지 않을 것이다. 왜냐하면 이 연구는 인간행위의 도덕적 가치나 무가치에 대한 척도를 제공하는 '도덕법칙'을 목표로 하는 것이 절대 아니기 때문이다. 그보다 어떠한 행위가 누군가에게 의무로서 그리고 도덕적으로 선한 것으로 간주되든 아니든 전혀 상관하지 않고, 이를 최종적으로 결정하는 원천인 형이상학적 소재지(所在地)를 규명할 것이다. 그래야만 윤리적 현상의 내적-객관적 구조와 의식적 연관관계가 제대로 파악될 수 있을 것이다.

나는 '소재지'에 대한 질문을 다음의 양자 가운데 택일하는 것으로 이해한다. 먼저 도덕적 필연성은 그 내용과 내용의 정당성을 개인의 삶을 초월하는 형이상학적 실체, 즉 자체적으로 유지되는 보편적인 원리로부터 이끌어내는가? 여기에서 보편적 원리는 본래 개별적인 삶과 관련되지 않는 법칙으로서, 특히 '이성'의 법칙으로서 개별적인 삶에 대립된다. 다시 말해 마땅히 실행되어야 할 개별적인 행위의 도덕적 가치로서 개별적인 삶에 대립된다. 왜냐하면 그래야만 개별적인 행위의 내용이 비로소 이 객관적-도덕적 가치를 지니기 때문이다. 아니면 당위의 내용은 개인의 총체적 삶에서 발전하며, 그러므로 행위는 임의의 다수 개인들에게 객관적으로 동일한 개별적인 행위로서 보편적인 법칙에 따라서 요구되거나 판단되지 않고 개인이 그의 삶을 이상적으로 형성하는 맥락에 입각해 요구되거나 판단되는가? 여기에서 삶의 이상적 형성은 마치 이념적으로 주어진 밑그림처럼 바로 이 개인과 결부되어 있으며 근본적으로 유일무이한 그의 삶의 의미를 따른다—이와 마찬가지로 그의 현실적 삶은 바로 그의 개인적이고 무엇과도 대체될 수 없는 삶이다. 이것은 문제를 지극히 잠정적으로 스케치한 것에 지나지 않는다. 그러므로 문제를 해결하는 정도에 따라서 비로소 문제의 명확성과 의미를, 그리고 문제로서의 명확성과 의미도 얻을 수 있다.

제2장

삶의 과정으로서의 당위

여기서는 우선 한 가지 문제를 생각해 볼 필요가 있다. 이 문제는 이미 이 책의 다른 여러 곳에서 언급한 바와 같이 윤리적 영역을 훨씬 넘어서 정신문화 일반의 전형적인 비극을 가리킨다.[1] 가능한 한 간략하고 일반적으로 표현하자면 다음과 같다. 삶은 정신의 단계에 도달하면 삶의 직접적인 표현으로서 객관적 구조물을 생산하게 되는데, 삶은 바로 이 구조물에 표현되며 이 구조물은 다시금 삶의 그릇과 형식으로서

---

1) 이 문장에 언급된 "이 책"은 여기에 번역된 「개인법칙」(Das individuelle Gesetz)이 그 제4장을 구성하고 있는 짐멜의 저서 『인생관: 네 개의 형이상학적 장(章)』(*Lebensanschauung. Vier metaphysische Kapitel*)을 가리킨다. 나머지 세 개의 장은 각각 「삶의 초월성」(Die Transzendenz des Lebens), 「이념으로의 전회」(Die Wendung zur Idee), 「죽음과 불멸성」(Tod und Unsterblichkeit)이다.

삶의 지속적인 흐름을 수용하고자 한다—반면 객관적 구조물의 이념적이고 역사적인 고정성과 제한성, 그리고 경직성은 조만간 영원히 변화하고 경계를 소멸하며 연속적으로 흐르는 삶과 대립하게 된다. 삶은 이와 같이 그 자신을 깨뜨리고 그 자신에게 폭력을 가하는 무엇인가를 부단히 생산한다. 그것은 비록 삶에게 필연적으로 고유한 형식이기는 하지만 그래도 이미 그것이 형식이라는 사실만으로도 삶의 역동성, 즉 그 어떤 방식으로든 현실적으로 멈출 수 없는 삶의 속성에 심층적으로 저항하는 무엇이다.

그리하여 기독교 교리는 신과 직접적으로 교통하는 창조적인 또는 헌신적인 체험과 대립한다. 이와 마찬가지로 '법과 권리'는 마치 영원한 질병처럼 계속 유전된다. 왜냐하면 원래 삶에게 이성과 선행(善行)이었던 법과 권리는 지속적으로 발전하면서 삶에게 불합리와 고난으로 변하기 때문이다.[2] 이와 마찬가지로 생산양식은 어느 한 경제발전

2) 이 구절은 괴테의 대작 『파우스트: 한 편의 비극』 제1부의 「서재」(In Fausts Studierzimmer)에서 따온 것이다. 파우스트와 악마 메피스토펠레스가 파우스트의 서재에서 대화를 나누는데 한 학생이 훌륭한 학자가 되고 싶어 파우스트를 찾아온다. 그러자 메피스토펠레스가 파우스트로 변장하고 그 학생을 맞이한다. 메피스토펠레스가 학생에게 무엇을 공부할 것인가를 묻자, 학생은 법학에는 마음이 끌리지 않는다고 대답한다. 그러자 메피스토펠레스가 다음과 같이 말한다(밑줄 친 부분이 짐멜이 인용한 것이다).

> 자네 생각을 탓할 수도 없지.
> 그 학문의 성격을 내가 잘 아니까 말이야.
> 법이니 권리니 하는 따위는
> 영원한 질병처럼 계속 유전되는 것이라네.

단계의 생산력에 적합하지만, 점차로 생산력이 증가하면 생산양식은 생산력에 대해 마치 죄수를 강제하는 조끼처럼 작용하게 되기 때문에 급성의 또는 만성의 혁명을 통해 분쇄된다—그 결과 새로운 단계에

한 세대에서 다른 세대로 전승되고,
이 지방에서 저 지방으로 슬쩍 옮겨가게 되지.
이성이 불합리로, 선행이 고난으로 변하니
자네가 그 자손으로 태어난 것이 슬프도다.
유감일세! 우리가 타고난 기본권에 대해
아무도 문제 삼는 이 없나니.

Ich kann es Euch so sehr nicht übel nehmen,
Ich weiß, wie es um diese Lehre steht.
Es erben sich Gesetz' und Rechte
Wie eine ew'ge Krankheit fort;
Sie schleppen von Geschlecht sich zum Geschlechte,
Und rücken sacht von Ort zu Ort.
Vernunft wird Unsinn, Wohltat Plage;
Weh dir, daß du ein Enkel bist!
Vom Rechte, das mit uns geboren ist,
Von dem ist, leider! nie die Frage.

Johann Wolfgang von Goethe, *Faust. Der Tragödie erster Teil: Sämtliche Werke nach Epochen seines Schaffens. Münchner Ausgabe, Bd. 6.1*, München: Carl Hanser, 1986, pp. 535~673, 여기서는 p. 550(1970~79행). 다음의 번역을 참조했음을 밝혀둔다. 요한 볼프강 폰 괴테, 『파우스트 1』, 정서웅 옮김, 민음사, 1999, 108쪽.
일반적으로 『파우스트』는 괴테의 대표작으로 간주되며, 일찍이 그가 24세 되던 해인 1773년에 처음으로 쓰기 시작해 82세 되던 1831년에 완성된 대작이다. 괴테가 세상을 떠난 것은 다음 해인 1832년이다. 그러니까 이 작품은 세계적인 대문호가 거의 평생에 걸쳐 이룩한 위대한 문학작품인 것이다(제2부는 1832년 유작으로 출간되었고, 제1부는 59세 되던 해인 1808년에 출간되었다).

적합한 새로운 생산양식이 등장해 동일한 운명을 겪는다. 이와 마찬가지로 어느 한 시기의 예술 의지와 삶의 의지를 적절하게 표현하는 예술양식은 불가피하게 이 시기를 지속적으로 형상화하면서 젊은 세대에게 참을 수 없는 아카데미즘으로 비쳐지며, 그 결과 예술창작이 내적으로 양극화되거나 무정부 상태에 빠지게 된다. 그 밖에도 크고 작은 차원에서 진행되는 수많은 현상에서 이와 같은 대립이 관찰된다.

그런데 이처럼 기존의 문화형식을 억압하고 축출하는 것은 보다 심층적인 근본관계의 단지 외적인—그리고 그 자체로서 벌써 오래전에 진부해진—현상에 지나지 않는다. 이 보다 심층적인 근본관계란 삶의 원리와 형식의 원리 사이에 존재하는 아주 근본적인 대립을 의미한다. 삶은 오직 형식을 통해서만 드러날 **수 있기** 때문에, 삶의 원리와 형식의 원리 사이에 존재하는 대립은 모든 개별적인 경우에 형식에 대한 형식의 투쟁으로 나타난다. 다시 말해 삶에 의해 이제 막 생산된 형식과, 삶이 그 이전에 자신의 형태, 자신의 언어, 자신의 가시적인 특성으로 생산한 형식의 투쟁으로 나타난다. 삶은 의식적-정신적으로 또는 문화적으로, 독창적으로 또는 역사적으로 규정되지만, 또한 그와 동시에 오직 그 자신에 의해 직접적으로 생산된, 그 자신에 적대적인 형식 안에서만 존재하는 운명에 처한다. 요컨대 삶은 오직 **형식들**의 형식 안에서만 존재하는 운명에 처한다.[3] 내가 보기에는 바로 여기에 삶이

3) 이 문장에서 "삶은 의식적-정신적으로 또는 문화적으로, 독창적으로 또는 역사적으로 규정되지만"은 삶의 주관적 측면과 객관적 측면에 의해 규정된다는 식으로 해석하면 된다. 다시 말해 '의식적-정신적으로'와 '독창적으로'는 삶의 주관

객관적으로 되고 확고한 형식으로 굳어버린 모든 삶의 생산물에 대해 지니는—조만간, 아니 정확히 말하자면 삶에 의해 생산되는 바로 그 순간부터 지니는—불만족과 불안의 궁극적인 근거가 있다. 다시 말해 객관화되고 형식화된 삶의 생산물이 지속적으로 흐르는 삶을 그 자신의 내부로 수용하고 자신의 경계에 따라서 제한하며 자신의 규범에 의거해 규제하기를 요구하는 것이 삶의 생산물에 대한 불만족과 불안의 궁극적인 근거인 것이다.

그런데 이처럼 비록 삶이 생산하지만 생산의 순간과 더불어 이미 삶 그 자체를 벗어나서 삶에 대립되는 구성물의 보편적인 운명은 창조적 삶이 당위로서 고착되도록 만드는 규범, 원리 및 명령에서도 나타난다. 우리가 자주 규범과 원리, 그리고 명령이 삶에 이질적이고 삶으로부터 너무 멀기 때문에 삶에 열매를 가져다주지 못한다고 지적하는 것, 즉 규범·원리·명령은 현실에 적합하지 않으며, 현실과 아무런 관계도 갖지 않는 그리고 관계를 가질 수도 없는 이상을 구성한다고 지적하는 것—내가 보기에 이렇게 지적하는 것은 물론 원칙적으로 아무런 어려움이 없다. 왜냐하면 그것은 현실적인 삶을 자연스레 삶 일반과 동일시하는 관점에 근거하기 때문이다. 그러나 다른 한편, 삶 일반은 당위의 의식 범주 내에서 진행되는 경우에도 전적으로 진정한 삶으로 남는다. 말하자면 예의 그 원리들과 삶의 현실 사이의 불일치는

적 측면을, 그리고 '문화적으로'와 '역사적으로'는 삶의 객관적 측면을 가리킨다. 후자는 각각 '문화적 틀에 의해' 또는 '문화적 조건에 의해', '역사적 틀에 의해' 또는 '역사적 조건에 의해'라고 읽으면 그 의미가 좀 더 명확해질 것이다.

당위의 의식 범주에 아무런 영향을 끼치지 않는다.[4] 왜냐하면 당위는 현실과 똑같이 자신만의 깊은 고유성에 확고히 뿌리를 내리고 있는 자율적인 구성물이기 때문이다. 그러므로 당위가 지니는 내적 일관성도 당위가 현실에 대해 지니는 요구권도 당위가 현실에 의해 실현되지 않는다고 해서 부정적인 영향을 받지는 않는다—이와 마찬가지로 그런 식으로 생겨나는 당위와 현실 사이의 거리에 의해 현실 자체가 더 비현실적으로 되지도 않는다.

도덕원리의 주지하는바 저 불충분함—어쩌면 바로 이 때문에 윤리학이 철학의 모든 분야 가운데서 가장 부족한 것으로 보인다—은 오히려 도덕원리와 생동하는 당위 자체 사이의 내적이고 기능적인 대립에서 유래한다. 그러나 대립은 전적으로 당위의 영역에 존재하는 것이지 당위의 영역이 현실의 영역과 지니는 관계와는 전혀 별개이다. 우리가 당위의 내용에서 듣는 명령적이고 객관적인 목소리는 날카롭든 부드럽든, 이 내용을 우리의 삶이 흐르는 물결로, 마땅히 그래야 하는 삶의 연속적인 맥락에서 잉태된 것으로 느끼는 것을 결코 방해하지 않는다.

만약 우리가 다음과 같은 말을 듣는다면—즉 언제나 황금률인 중용을 견지해야 한다, 또는 우리의 행위를 보편적인 법칙으로 표상할

---

4) 이 문장에서 "예의 그 원리들"은 구체적으로 그 앞에서 언급한 규범 · 원리 · 명령을 가리킨다. 원리라는 용어가 앞에서는 하위 개념으로 뒤에서는 상위 개념으로 쓰이고 있기 때문에 둘 가운데 하나를 다른 개념으로 대체했더라면 더 좋았을 것이다.

수 있어야 한다, 또는 최대다수의 최대행복을 지향해야 한다, 또는 매 순간 생래적인 본성을 이성의 힘으로 극복해야 한다—우리는 아마도 심층적이고 내용이 풍부한 윤리적 체험들이 이러한 공식들을 말하자면 자신들의 실루엣으로서 발전시켰다는 사실을 감지할 것이다. 그런데 이 공식들은 견고한 틀로 존재하면서 무한히 역동적이고 무한히 분화된 당위적 삶을 강제로 자신의 내부로 끌어들이려 하는바, 이 당위적 삶은 때로는 그 공식들이 넘쳐흐르도록 하고 때로는 채워지지 않은 채 있도록 한다.

이러한 대립은 언제나 윤리적 내용에만 해당될 필요는 전혀 없다. 오히려 방금 언급한 규범들이 확정하는 윤리적 내용과 그때그때 생동하는 당위는 대개 일치한다. 비록 이 둘은 말하자면 당위가 응집된 상태이며 또한 이 두 응집 상태의 대립은 근본적으로 당위적 내용들이 대립할 수 있는 여지를 만들고 당위에 괴테가 개탄하는바 "전제적인 것"을 부여함에도 불구하고 그렇다. 여기에서 문제가 되는 것은 예컨대 우리의 여타 욕망이 도덕적 요구에 대해 저항한다는 사실, 즉 우리의 영혼적 현실이 당위적인 것의 실현을 위해 진력하지 않으려는 사실이 아니다. 여기에서 문제가 되는 것은 오히려 당위로서 진행되는 삶이 정신적인 삶이라는 바로 그 이유 때문에 다음과 같은 정신적인 삶의 자기모순을 피할 수 없다는 사실이다. 당위로서의 삶이 생산하고 오직 그 안에서만 진행될 수 있는 형식은 그 고유한 내적 논리에 의해 굳어짐으로써 삶을 초월하는 의미를 지니고 존속하게 되며 삶을 규정할 권리를 요구하게 된다. 이러한 요구에 대해 바로 이 당위로서의 삶의 끊임없는 흐름, 헤아릴 수 없는 분화 그리고 부단한 내용 변화가 저항한다. 당위로서의 삶은 필연적으로 그리고 어떻게든 자기 자신을 드러내기 위해 형식(여기서는 실천적으로 필수불가결한 공식화된 도덕법칙과 초개인적 가치정립으로서)을 생산하며—또한 바로 이 생산하는 삶으로서 형식의 원리가 그 자신에게 부적합한 것으로 느낄 수밖에 없다. 자명한 일이지만 경험적 진행 과정에서 이러한 모순은 어디까지나 단편적이고 다소 불명료한 운동과 반(反)운동에서 그리고 적응과 외적 요구로 인해 둔감해진 상태로만 나타난다.

그러므로 이러한 내적 이율배반은 당위가 삶에 대립하지 않고 삶을 총체적으로 실현하는 한 방식이라는 사실을 논박하는 것이 아니라 확증하면서 심화시키는 것이다. 두 개념의 이러한 관계를 칸트가 표현하는바 도덕적인 것의 '자율성'에서 찾으려는 유혹이 생길 수도 있을 것이다. 그리하면 우리는 우리에게 법칙을 '스스로 부여하기' 때문에, 확실히 법칙의 자아 이질성은 제거된 것처럼 보이며 법칙은 삶 그 자체의 근원에 함몰된 것처럼 보일 것이다.

그러나 실제로 칸트 철학에서 개인은 결코 총체적이고 생동하며 통일적인 존재로서 자신에게 의무명령을 부과하지 않는다. 그보다 오직 초개인적 이성을 대리하는 개인의 일부분만이 개인에게 의무명령을 부과한다. 의무명령의 불가피한 관계 형식인 대립을 칸트는 개인의 총체적 삶의 내부에서 '감성'을 우리의 이성적이고 입법적인 부분과 대립시키고 대치시키는 방식을 통해서만 얻을 수 있었다. 칸트는 결국 개인에게 명령하는 것은 개인을 초월하는 그 무엇이어야 한다는 명제를 결코 넘어설 수 없었다. 그리고 그는 일체의 타율성을 배척하기 때문에, 개인을 초월해 개인에게 명령하는 것이 개인을 감성과 이성으로 분할함으로써 가능해지도록 시도할 수밖에 없었다. 그러나 실제로는 타율성이 제거되지 않았고 다만 외부와의 관계로부터 이성과 감성 사이의 내적인 관계로 옮겨졌을 뿐이다. 다음과 같은 환상, 즉 만약 이성이 감성에게 명령한다면 그로 인해 '우리 스스로가' 우리에게 의무명령을 부과한다는 환상을 칸트는 어떠한 방식으로도 입증되지 않은 순진하고 독단적인 주장을 통해 근거지울 도리밖에 없었다. 그 주장이란 우리의 저 이성적이고 보편타당한 부분이야말로 '본래적' 자아, 우리의 본질의 본질을 구성한다는 것이다. 여기에는 감성이 원래 '자아'에 속하지 않는다는 도덕적 과대망상이 표현되어 있다—도덕적 과대망상은 물론 윤리학의 역사에서 일종의 풍토병과도 같다.

물론 이 둘은 추상적 개념으로서 어쩌면 상호 이질적일 수도 있다.[5)] 그러나 저 감성의 **척도**, 즉 개인이 어떻게든 내적으로 실감하는 감각적 유혹 가능성과 유혹됨의 척도는 그의 영혼적 현실의 그 어떤 다른 요소와 마찬가지로 자아에 속한다. 우리는 자신의 고유한 가치에 대한 의지를 감성의 **대상**은 확실히 자아의 외부에 존재하는 고로 감성 그 자체 또한 자아에 속하지 않는다는 조야한 논리적 전위(轉位)를 통해 근거지운다. 우리는 이와 마찬가지로 호흡기는 오로지 육체의 외부로부터 들어오는 공기를 통해서만 그 기능을 수행할 수 있기 때문에 우

5) 이 문장의 앞부분에 나오는 "이 둘"은 이성과 감성을 가리킨다.

리의 육체에 속하지 않는다고 주장할 수도 있을 것이다.

우리는 마치 전적으로 우리의 내부로부터 분출하며 바로 그 순간에 자아를 표현하는 고유한 충동이 아니라 늘 어떤 **대상**이 우리를 유혹하는 것처럼 생각한다. 만약 본래적 자아를 이성, 즉 선한 것과 동일시한다면 죄를 외부로부터 우리에게 다가오는 악마에 의한 폭거에다가 미루는 것만이 논리적 일관성을 띤다. 이 경우 악마는 그 자체로부터는 오직 선한 것만 나올 수 있는 자아의 필연적인 상관 개념이다—우리 자신으로부터 추방된 악은 악마로부터가 아니라면 도대체 어디에서 와야 한단 말인가? 이렇게 해서 우리는 악에 대한 책임, 즉 죄의 자발성에 대한 책임에서 완전히 벗어난다. 이제 우리는 우리의 본성에 따라 언제나 이성적이고 선한 존재로 남는다. 사실 악마를 고안해 낸 것은 인간이 저지른 가장 커다란 도덕적 비겁함이다. 그것은 우리는 우리가 행하는 악에 대해 책임지기를 원치 않거나 또는 적어도 완전히 책임지기를 원치 않는다는 사실의 표현이다. 그리고 이 경우 죄로 간주되는 감성은 순수한 또는 본래적 자아와 아무런 상관도 없는바, 이는 순화되고 어느 정도 연약해진 악마에 다름 아니다.

그러나 칸트는 오로지 이러한 분리에 근거해서만 그의 도덕법칙을 "우리가 우리 자신에게 부여하는" 법칙으로 선언할 수 있다. 왜냐하면 그의 도덕법칙은 완전히 합리적이고 감성 그 자체에 반하는 법칙이기 때문이다. 그리하여 만약 우리의 자아가 여전히 완전한 감성으로부터 근본적으로 분리된 이성과 다른 그 무엇을 의미한다면, 만약 우리의 자아가 실제로 이성 이외에도 인간 영혼의 다른 모든 에너지를 포함하는 총체적 인간을 포괄한다면, 칸트는 도덕법칙을 결코 우리 자신에 의해 주어진 것이라고 칭할 수 없을 것이다. 내가 입증하려 노력한 것은 당위적 측면에서 총체적으로 진행되는 삶이야말로 현실적 측면에서 총체적으로 진행되는 바로 이 삶을 위한 법칙을 의미한다는 사실이다. 그러나 칸트는 이원론을 삶의 총체성 그 자체 안으로 이전한다. 다시 말해 그는 삶의 총체성을 본래적 또는 이성적 자아와 이러한 자아에 비해 단지 주변적인 또는 자아에 대치되는 감성으로 분열시킨다.

윤리적 의식의 심리학적 색조를 광범위하게 결정하는 법칙적-명령적인 것은 의심할 여지없이 대립, 즉 우리에게 맞서는 것의 공간적 은유를 거절할 수 없다. 그러나 이처럼 자기 자신을 넘어서는 것, 이처럼 다른 것을 그리고 대립되는 것을 구축하는 것은 실로 삶 그 자체의 기능이다. 삶에게 객관적 규제, 평가 또는 판결을 부여하는 외부는 삶의 내부가 생동하는 형식의 하나이다. 또한 이로부터 다음이 설명된다. 당위를 기준으로 측정된 삶의 현실과 삶의 이상 사이의 거리에는 무수한 단계가 존재하며 마치 감지할 수 없는 이행(移行)에서처럼 순수하게 도덕적 삶의 흐름으로부터 엄숙한 명령이 일어나는데, 이 명령은 궁극적으로 마치 삶의 피안에서 유래하는 것처럼 보인다. 만약 당위가 실제로 이러한 유래를 갖는다면, 이러한 등급과 매개는 이해하기 어려울 것이다. 그렇다면 나는 어떻게 우리가 삶과 이상적 요구 사이에 존재하는 대립의 경직된 무자비함을 전혀 의식할 수 없는 것인지 또는 대립에서 오는 긴장을 어떻게 해서든지 화해 가능하다고 생각할 수 있는 것인지 납득할 수 없을 것이다. 그런데 끊임없이 그와 같은 일이 일어난다.[6] 그러나 실제적인 삶의 진행 과정을 관찰해 보면, 그것은 심지어 긍정적-도덕적 단면에서조차도 도덕철학의 진술에 입각해 생각해야 하는 경우보다 훨씬 덜 법칙에 대한 의식에 의존하는 것으로 드러난다. 이는 마치 모든 윤리적 요구의 전형이라도 되는 것처럼 끊임없이 유령처럼 떠도는 십계명의 규정이념에 입각해 생각하는 경우에도 그러하다.

확실히, 우리가 무엇이어야 하며 무엇을 해야 하는가에 대한 명확하거나 불명확한 의식은 지속적으로 우리 삶의 현실에 동반된다. 물론 그렇다고 해서 이 당위의식은, 그것의 내용들과 이 현실에 대한 표상의 내용들이 일치하는 경우에도 곧바로 이 표상으로부터 끄집어낼 수 있는 것은 아니다. 그 이유는 이러한 동반이 공식화된 또는 적어도 공식화될 수 있는 '법칙'의 형태로 일어나는 경우가 지극히 드물기 때문이다. 대개의 경우 말하자면 유동적이고 감각적인 형태로 일어난다. 우리가 우리의 실천 과정에서 전적으로 우리가 무엇을 마땅히 해야 하는가에 귀를 기울이는 경우에도 우리는 일반적으로 결코 맨 처음부터 다소간에 보편적인 법칙의 파토스를 지향하지 않는다. 그보다 당위성은 '숙지의 특성'을 지닌다.

단지 순수한 개념 소재로부터 구성된 칸트의 도덕-호문쿨루스[7] 만

6) 이 문장은 29쪽의 둘째 단락의 다음 부분을 가리킨다. "이 명령은 궁극적으로 마치 삶의 피안에서 유래하는 것처럼 보인다."

7) 호문쿨루스(Homunkulus)는 원래 라틴어로 'Homo'(인간)의 축소형, 즉 '작은 사람'이라는 뜻인데, 이미 고대 로마의 철학자 키케로 등의 문헌에 등장한

이 지속적으로 최상심급의 법칙에 호소한다. 십계명-형식과 도덕원리-형식이 이른바 굳은 덩어리로 뭉쳐버린 것은 실은 당위의 범주 아래에 흐르는 저 연속적인 삶이다. 삶에 대립되는 도덕적 명령은 그 자체가 '생동적'일 수 없어 보인다. 니체도 도덕적 명령에 삶을 단지 **내용**으로 주었을 뿐이며, 당위의 이념적 형식은 '삶을 넘어서' 설정된 '목록' 바로 그곳에 머물렀다. 당위는 그 형식상 생동적일 수 있는가, 삶의 유사물 또는 삶이 자기 자신을 의식하도록 만드는 범주일 수 있는가는 여전히 니체 자신이 제기하지 않은 질문이다.

만약 법칙이라는 표현을 당위의 요구라고 가정하면, 법칙은 어떠한 경우에도 그것이 방금 언급한 원리들에 공식화된 것에서 추론할 수 있는 것보다 훨씬 더 역동적이고 다양한 단계를 통과하며 내적으로 분화된 그 무엇이 된다. 그렇다고 해서 가령 이러한 생동성의 특징에 상응하는 법칙의 규정들이 법칙의 엄격함, 모든 현실에 대해 독립적인 이상성, 불굴의 객관성을 조금이라도 박탈하는 것은 아니다. 이러한 조화의 가능성은 나중에 상세하게 논증할 것이다. 당위가 지니는 생동성

다. 그러다가 중세에는 연금술에 의해 만들어진 영혼이 없는 인조소인(人造小人)을 가리키게 된다. 16세기의 의사이자 연금술사이며 신비주의자인 파라셀수스(Philippus Aureolus Paracelsus, 1493?~1541)는 다음과 같이 호문쿨루스의 제조법을 제시한다. 유리그릇에 인간의 정자를 밀폐한 후 따뜻한 말의 분뇨 속에 묻어 40일간 부패시킨다. 그러면 인간과 동일하지만 투명한 존재가 생겨난다. 이 존재를 40주 동안 말의 태내 온도를 유지하면서 매일 인간의 피라는 비약(秘藥)을 먹이면 마침내 인간의 아기가 태어나는데, 이 아기는 자연적으로 태어난 아기보다 훨씬 작다. 괴테는 자신의 대작 『파우스트』 제2장에서 호문쿨루스의 모티프를 받아들인다. 파우스트는 플라스크에서 호문쿨루스를 부화시킨다.

의 특성을 보면, 도덕적 행위도 대개 내적으로 완전히 통일적이며 순전히 그 내부에서 싹터서 자라난 그 무엇으로서 생겨난다는 것을 이해할 수 있다. 그뿐이 아니라 인격이 그 심층에서 도덕적이면 도덕적일수록 현실로서의 삶과 당위로서의 삶은 더욱더 확실하게 통일적인 과정으로서 인격의 내부에서, 그리고 인격으로서 발전한다.

'선의지'야말로 법칙의무를 필요로 하지 않는다. 아니 한걸음 더 나아가 선의지는 순수한 그 자체로서 법칙의무에 대해 아예 아무것도 모른다. 왜냐하면 선의지는 정말로 처음부터 선하기 때문이다. 다시 말해 선의지의 삶은 말하자면 그 현실형식과 당위형식의 무차별 상태에서 진행된다. 그렇지만 만약 인간의 성찰이 양자를 분리하면 우리의 사고 유형에 상응해 당위의 동인은 일정한 주요 내용들을 포괄하면서 확고히 해석된, 그리고 그 자체적으로 표현될 수 있으며 정신적으로 그 스스로 존립하는 구성물, 요컨대 다름 아닌 법칙으로 응고된다.

여기에는 다음과 같이 이론적 절차와 일정한 유사성이 존재한다. 다수의 표상과 직관은 통일적이며 구체적이고 단순한 것으로 주어지는데, 인간의 성찰이 추후적으로 자연법칙과 특별한 경우의 범주를 들이대며, 그리하여 직접적으로 현존하는 것의 내부에 이원론적 긴장을 야기한다. 또는 달리 표현하자면, 만약 인식이 직관적으로, 말하자면 자발적으로 우리 안에서 일어난다면, 인식은 거기서 더 발전되고 정리되면서 일단 제기된 문제의 형식과 발견된 해답의 형식으로 나누어진다.

개념적으로 공식화된 도덕법칙의 전혀 논란의 여지가 없는 모든 중요성과 불가결성에도 불구하고 그것은 어디까지나 이차적 구성물이라는 사실을 명백히 알아야 한다. 도덕법칙은 삶 자체의 생산물인데, 전자는 형식으로 굳어짐으로써 후자에게 이질적인 것이 되어버린다. 그러나 삶은 궁극적으로 다시 자기 자신에게로 돌아오기 위해서 도덕법칙이라는 생산물을 우회로로 만든다.[8] 우리는 이러한 통찰을 필요로 한다. 왜냐하면 그래야만 당위가 그와 같은 법칙으로 고양되지 않거나 거기에 귀속될 수 없는 경우에도 우리는 당위가 무시되거나 부정된다고 믿지 않게 되기 때문이다. 나는 여기서 지극히 잠정적인 표현으로 우리의 행위는 언제나 법칙성을 필요로 하지만 언제나 법칙을 필요로 하는 것은 아니라고 주장하는 바이다.

---

8) 이 단락을 제대로 이해하기 위해서는 간략하게나마 짐멜의 문화이론에 대한 언급이 필요하다. 왜냐하면 여기에는 짐멜의 문화이론이 바탕을 이루고 있기 때문이다. 짐멜의 문화이론에 의하면 윤리와 도덕은 과학·종교·예술·경제·기술 등과 더불어 문화에 속한다. 그러니까 인간적인 삶과 행위의 모든 영역이 문화에 속한다. 짐멜은 문화를 "영혼이 자신에게 이르는 길", 또는 좀 더 정확히 말해 "영혼이 자신으로부터 자신에 이르는 길"이라고 정의한다. "문화란 영혼이 자신에게 이르는 길이다. 왜냐하면 어떠한 이념도 바로 이 순간에만 존재하는 게 아니라 더 많은 어떤 것이기 때문이다. 문화란 영혼이 그 자체의 내부에 미리 형성되어 있는 것—따라서 아직 실체가 없기는 하지만, 그래도 어떻게든 존재하는 것—이 더 고양되고 완성되는 어떤 것이다. 그러나 우리는 여기서 정신세계의 어떤 지점에 고정돼 이름을 들 수 있는 이상을 의미하지 않는다. 우리가 의미하는 바는 그보다 정신세계 그 자체의 내부에 존재하는 활력이 분출되는 것, 일종의 내적인 형식적 충동을 따르는 정신세계의 가장 고유한 맹아가 발전하는 것이다." 게오르그 짐멜, 『게오르그 짐멜의 문화이론』, 김덕영·배정희 옮김, 도서출판 길, 2007, 20~21, 33쪽. 이처럼 짐멜이 이해하는 문화는 '길', 즉 '우회로'이다. 인간의 영혼, 즉 삶이 자신에서 출발해 자신에게로 돌아오기 위해 걸어야 하는 길이요 거쳐야 하는 우회로인 것이다. 도덕법칙 또한 이러한 길이요 우회로이다.

어쩌면 종교와 유추해 보면 방금 언급한 것이 명료해질 것이다.[9] 오늘날 전통적으로 공식화된 의미에서의 종교와 종교들로부터 완전히 결별했지만 비종교적으로 간주되는 것에 단호히 저항하는 수많은 사람들이 존재한다. 그들은 종교와 종교성 사이를 정확하게 구분하기 때문에 전자와 무조건적으로 관계를 끊을 수 있는 반면 후자는 똑같이 무조건적으로 보지할 수 있다고 생각한다. 아니 더 나아가 때로 그들

---

9) 유추(Analogie)의 방법—또는 유비라고도 한다—은 짐멜의 사회학과 철학이 구사하는 중요한 인식방법이다. 유추란 "언뜻 아무런 관계가 없어 보이는 다양한 현상을 넘나드는 방식을 가리킨다. 따라서 다양한 사실을 교체할 수 있고, 대체할 수 있으며 교환할 수 있다." 김덕영, 『게오르그 짐멜의 모더니티 풍경 11가지』, 도서출판 길, 2007, 353쪽. 그리하여 유추에 의하면 "가장 특수한 것에서 가장 일반적인 것에 이르기까지, 또는 가장 미시적인 것에서 가장 거시적인 것에 이르기까지 사회학적 인식이 가능해진다. 즉 사회학자는 유추의 방법과 더불어 하나의 특정한 사회적 상호작용의 형식에 기초해 다양한 사회적 현상과 과정을 사회학적으로 기술할 수 있다. 이를테면 사회학자는 지배-복종이라는 사회적 상호작용의 형식을 가지고 근대 자본주의를 논하다가 중세의 교회로 넘어가거나 고대 동양의 정치체제로 달려갈 수 있으며, 또한 원시사회의 남녀관계로 시선을 돌릴 수도 있다. 비록 이들의 사회적 삶의 구체적인 모습은 서로 다르고 이들 사이에 아무런 내적-역사적 인과관계가 존재하지 않더라도 말이다. 이들은 사회화 형식의 동일성에 의해 서로 결합될 수 있다." 같은 책, 337쪽. 또한 유추의 방법은 "가장 작은 것에서 가장 커다란 것에 이르기까지, 또는 가장 무의미해 보이는 것에서 중차대해 보이는 것에 이르기까지 철학적 인식을 가능케 해준다. 예컨대 철학자는 돈을 가지고 현대인의 다양한 문화적 삶의 영역—정치적·경제적·사회적·개인적·심리적·문화적·예술적·산업적—을 오가며 화폐경제가 현대세계에 대해 지니는 심층적 본질과 의미를 철학적으로 해석할 수 있다. 물론 이들 영역은 하등의 역사적 인과관계에 의해 결합되지 않을 수도 있음은 명백하다. 그렇지만 아무런 내적 연관관계도 없이 그저 기계적으로 병존하는 것이 아니라, 시대의 전체적인 삶의 테두리 내에서 상호작용을 한다." 같은 책, 353쪽.

은 신앙을 위한 자리를 얻기 위해서 지식을 없앨 수밖에 없었다는 칸트의 진술을 이어받아 경건을 보존하기 위해서 신앙을 없앴다고 말한다. 그들은 종교성과 경건을 절대적으로 내부로부터 결정된 행위라고 이해한다. 이러한 행위는 결코 특별한 내용이나 대상을 필요로 하지 않는다. 그것은 오히려 전체적인 삶을 살고 부단히 진행되는 삶의 모든 순간을 채색하는 방식이다. 이에 반해 그들에게 종교적 교의는 단지 삶으로부터 추출되어 그 피안에 설정된 개별적 구성물일 뿐으로서, 그것이 개념적으로 확정된 것은 궁극적으로 그들에게 단지 개별적인 삶의 동인들만 교시한다. 이 개별적인 삶의 동인들은 외부로부터 영혼에 부과되는 규정들이다. 이에 반해 그것들의 연속적인 총체성은 오직 그 내적인 원천으로부터만 진정으로 모든 것을 관통하는 특성을 얻을 수 있다.[10]

---

10) 이 맥락에서 이해를 돕기 위해 짐멜의 종교이론을 좀 더 언급할 필요가 있을 것이다. 짐멜은 주관적 종교성(Religiosität)과 객관적 종교(Religion)를 구분한다. "종교성이 정신의 또는 의식의 주관적 기본형식을 의미한다면, 종교는 역사적으로 형성되고 구체적인 대상과 내용을 지니는 객관적 제도 또는 문화적 구조물을 가리킨다. 종교성은 인간 정신과 의식의 내적-주관적 상태와 과정인 반면에, 종교는 외화되고 객관화되며 대상화된 세계이다." 김덕영, 『게오르그 짐멜의 모더니티 풍경 11가지』, 도서출판 길, 2007, 436쪽. 짐멜에 따르면 논리적으로나 시간적으로나 종교성이 종교를 앞선다. "인식이 인과성을 창출하지 않고 인과성이 인식을 창출하듯이 종교가 종교성을 창출하는 것이 아니라 종교성이 종교를 창출한다. 인간이 일정한 내적 상태에서 체험하는 운명에서 그 자체로는 아직 종교가 아닌 관계, 의미, 감정이 서로 엮인다. 이러한 관계, 의미, 감정의 사실내용은 다른 상태의 인간들에 대해서도 역시 종교와 아무런 상관이 없다. 그러나 사실성으로부터 분리되어서 그것들을 관류하는 종교성에 의해 접합되면

그리하여 만약 완벽하게 도덕적인 사람—즉 삶에 동반되는 이념적인 당위법칙이 처음부터 그 심리학적-실천적 현실과 일치하는 사람—을 생각해 보면, 그의 의지와 행위의 모든 순간은 비록 법칙적일 것이지만, 어디까지나 삶 그 자체의 무한한 가변성과 예정 불가능성 안에서 그럴 것이다. 그러나 이 모든 순간이 자기 자신을 초월해 형성된 법칙에 속하는지 아닌지 그는 깊이 묻지 않을 것이다. 확실히 우리는 금전적으로 또는 성적으로 의심스러운 것에 대한 유혹에 저항하고 빈궁한 사람을 도우며 그의 활동력을 문화적·애국적 또는 인류적 의미에서 계발한다—이 모든 것은 공식화된 도덕원리에서 파생되는 영역에 존재한다. 그러나 그 스스로의 당위에 복종하는 도덕적인 영혼의 행위는 이로써 소진되지도 않고 소진될 수도 없다. 영혼의 이 끊임없는 도덕성은 오히려 어떻게든 외적으로 확정된 가치 지점을 지향하지 않는다(영혼의 부분적 관심, 즉 합리적 또는 자선적 관심, 미학적 또는 종교적 관심이 이러한 외형성을 제공하는 경우에도 그러하다). 그것은 말하자면 삶이 그 가장 깊은 근원에서 흘러나오는 리듬이다. 그것은 단순히 우리가 행위라고 부르는 것의 채색이 아니다. 그것은 어쩌면 단 한 번도 단순히 의지의 채색인 적이 없을 것이다. 그것은 오히려 전(全) 존재의 채색이다. 그것은 모든 사고와 사고의 표현방식에, 시선과 언어에, 기

인간이 내적으로 체험하는 관계, 의미, 감정은 자체적으로 객관적인 것의 세계를 형성한다. 다시 말해 신앙의 대상세계인 '종교'가 성립된다." Georg Simmel, *Die Religion*(1912), in: *Georg Simmel Gesamtausgabe 10*, Frankfurt am Main: Suhrkamp, 1995, pp. 39~118, 여기서는 p. 54.

뻐을 느끼는 것과 고통을 참고 견디는 것에, 아니 더 나아가 아무런 상관이 없는 세상사와의 관계에도 존재한다. 삶의 이러한 전체적인 연관관계는 도덕적 인간에서(단순히 도덕적인 것을 행하는 인간이 아니라) 다른 특성의 인간에서와 전혀 다르다.

전혀 도약하지 않고 부단히 상태에서 상태를 낳는 삶의 리듬은 당위로서의 삶에도 고유한 것이다. 바로 이것이 괴테가 일상의 요구라고 일컫는 것이다.[11] 그것은 일상이 외적인 주변 환경이라는 의미에서 우리에게 부과하는 요구가 아니라 우리 자신의 가장 내적인 삶으로부터 시시각각 일어나는 요구로서 그다음 걸음을 위한 전조이다. 다음 다음 걸음은 불분명하며 다음 걸음을 내디뎌야 비로소 명백해진다. 이러한 관점에서 보면 도덕적 삶은 다수의 개별적인 '행위들'로 단절되어서 그 각각의 행위가 단 한 번에 확정적으로 구성된 법칙에 의해 측정되지 않는다. 도덕적 삶은 오히려 삶의 전체적인 연속성인데, 이로

---

11) 여기에서 "괴테가 일상의 요구라고 일컫는 것"은 괴테의 교양소설 『빌헬름 마이스터의 편력시대』(1821) 제2권의 「편력자들의 마음에 비친 성찰: 예술, 윤리, 자연」(Betrachtungen im Sinne der Wanderer: Kunst, Ethisches, Natur)의 2, 3번 구절을 가리킨다. "어떻게 자기 자신을 알 수 있을까? 관찰을 통해서는 결코 안 되고, 아마도 행동을 통해서나 가능하겠다. 네 의무를 행하도록 애써라. 그러면 너에게 무엇이 문제인지 곧 알게 될 것이다.
그런데 너의 의무는 무엇인가? 일상의 요구가 바로 그것이다. 이성적 세계는 하나의 위대한 불멸의 개체라고 볼 수 있다. 그것은 끊임없이 필연이 오도록 하여 우연까지도 스스로 지배한다." 요한 볼프강 폰 괴테, 『빌헬름 마이스터의 편력시대 1』, 김숙희 외 옮김, 민음사, 1999, 369쪽(원제는 Johann Wolfgang von Goethe, *Wilhelm Meisters Wanderjahre oder die Entsagenden*).

부터 다만 예외적으로 특별한 명명에 적합한 첨단이 솟아오른다. 다시 말해 언어와 분위기 및 관계의 모든 비가시적이고 일시적인 것에 당위의 이념적 윤곽이 동반된다—그렇다고 해서 당위의 엄격성과 절대성이 조금이라도 감소되는 것은 아니다. 이는 어디까지나 당위는 진실로 **역동적** 절대성이라는 사실을 의미할 뿐이다. 당위는 괴테가 언젠가, 물론 아주 신비적인 암시와 더불어 자연의 "영원한, 역동적 법칙"[12]이라고 부른 것의 윤리적 상대물이다. 이에 반해 만약 도덕적 요구의 내용이 생성·발전·변화, 간단히 말하자면 **삶**의 진행 과정에 예속된다면, 도덕적 요구의 품위와 존엄성은 보호되지 않을 것이라는 단순한 선입견이 존재한다—이는 서서히 영락하는 세계관의 내부에서 나타나는 잘못된 개념의 유착 현상들 가운데 하나이다.

도덕성을 전적으로 기존의 법칙들에 결부시키는 것을—마치 이 법칙들이 말하자면 목표점으로서 당위가 거기에 도달해야 비로소 충족

12) 이는 괴테가 1816년 6월 12일 알렉산더 폰 훔볼트(Alexander von Humboldt, 1769~1859)에게 시(詩) 형식으로 보낸 짤막한 편지에 나오는 구절에서 온 것이다. 거기에서 괴테는 다음과 같이 쓰고 있다. "세상의 모든 곳에서 영원한, 역동적 법치에 따라/푸른 잎이 나고 꽃이 핀다."(Die Welt in allen Zonen grünt und blüht/Nach ewigen, beweglichen Gesetzen). Johann Wolfgang von Goethe, *Sämtliche Werke, Briefe, Tagebücher und Gespräche, Abteilung I: Sämtliche Werke, Band 2: Gedichte 1800~32*, Frankfurt am Main: Deutscher Klassiker Verlag, 1988, p. 794. 참고로 훔볼트는 독일의 자연연구가로서 물리학, 화학, 지질학, 광물학, 동물학, 식물학, 기후학, 천문학 등 실로 다양한 분야에서 현장 연구를 수행했다. 훔볼트는 경험과학으로서의 지리학의 창시자 가운데 한 명으로 여겨지며, 괴테·실러 등과 친분이 있었다.

되기라도 하는 것처럼—[13] 보면, 발전개념을 어떠한 방식으로든 진술이 가능하지만 표면적인 필연성을 지니는 발전목표에 결부시킴으로써 이 개념을 협소하게 만들곤 하는 것이 생각난다. 이렇게 발전의 개념을 발전의 목표에 결부시키는 입장에 따르면 그와 같은 발전목표로부터 비로소 어느 사건의 계열에 특정한 방향이 부여되며, 바로 이 방향에 의해 사건의 단순한 연속관계가 발전으로 바뀐다. 비록 이것이 수많은 경우에 들어맞는다고 할지라도, 그와 더불어 발전의 개념이 다하는 것은 아니다. 유기적 존재의 삶의 진행 과정에 적용된 발전의 개념은 오히려 결코 '발전의 정점'이나 실현해야 할 이념과 같은 목표 또는 이와 유사한 목표에 의존하지 않는, 다시 말해 바로 삶의 진행 과정에 내재하는 특성을 의미한다. 삶의 순간들 사이의 상호관계에서, 한 순간이 다른 순간으로부터 나타나는 방식에서, 과거의 순간이 현재의 순간에서 메아리치며 미래의 순간이 현재의 순간에서 미리 울리는 음향에서 우리는 우리의 삶을 발전하는 삶으로 느낀다. 우리의 삶이 그 **어딘가로** 발전하느냐 아니냐는 전혀 문제가 되지 않는다. 그것은 고작해야 인간성찰의 부가물이다. 거기에다가 발전개념 일반을 종속시키는 것은 우리의 실천적 목적론을 완전히 다른 질서 속에서 진행되는 유기체의 자연적 발전에 꽤나 거칠게 전용하는 것이다. 아무튼 윤리적 삶도, 만약 이것을 처음부터 주어진 법칙(이성이나 종교로부터 주어지는 경우도 포함해)에 결부시켜서 오직 그 법칙을 실현하는 정도에서

13) 이 부분은 원래 쉼표로 처리되어 있는 것을 옮긴이가 줄표로 바꾼 것이다.

만 윤리적인 것으로 만들려 한다면, 사정이 이와 매한가지이다.

언어적-개념적 표현은 우리를 한편으로 법칙과 다른 한편으로 상황과 개별성에 의해 따로따로 된 당위적 행위의 이원론에 연결할 수도 있을 것이다—그러나 실제로 우리는 일정한 행위가 반드시 행해져야 하는 바대로 행해지는 것을 아주 간단히 그 행위의 특성, 즉 내적이고 그 자체로 통일적인 방식이라고 생각한다. 이는 우리가 아주 빈번히 그것을 지향해 나아가는 목표를 전혀 의식하지 않은 채 우리는 발전하고 진보한다는 사실을 내적으로나 질적으로나 아주 간단하게 느끼는 것과 똑같은 이치이다.

물론 법칙을 통해 행위를 규제하는 것은 이 행위의 내용이 그 보편적 가치나 비가치가 법칙에 의해 확정되는 **개념들**에 상응한다는 사실에 의해 조건지어진다. 그렇지 않으면 행위는 끊임없이 전개되는 사건 속으로 사라져버릴 것이며 법칙은 행위에 확실히 적용되지 못할 것이다. 이러한 행위의 개념성은 원리에 입각해 규정하는 모든 윤리학, 그 중에서도 특히 칸트 윤리학의 결정적인 요소이다. 그러나 이 요소가 표면적으로 자명해 보이는 바로 그 이유 때문에 개념은 내용을 결정하는 데 도대체 무엇을 수행하는가를 논해야 한다. 그런데 그 결과는 무엇보다도, 개념은 사물이 비로소 사물이 되도록 만든다는 것이다. 우리의 그때그때 직관상은 처음에 색채의 복합체로서 우리 앞에 광범위하게 펴져 있는바, 이 복합체로부터 일단 일정한 부분들이 분리되어야 공속적(共屬的)인 것으로서, 즉 사물로서 인식될 수 있다.[14)]

이와 마찬가지로 우리는 세계를 객관적으로 그것의 모든 구성요소들이 절대적으로 상호작용하는 연속체로 표상해야 하는데, 이 구성요소들은 순수하게 자연법칙적으로 연결되고 진행되기 때문에 결코 개별적인 '사물들'로 분할되지 않는다. 그와 같은 연속체의 창조는 정신의 근원적 기능의 결과인 것같이 보이는데, 이러한 정신의 기능을 우리는 직접적으로 표현할 방법이 없기 때문에 그저 구별하는 것과 결합하는 것의 공동 작용이라고 명명한다. 그러나 이 기능은 직접적으로 지각할 수 있으며 객관적이고 자연법칙적인 연속체에 다음과 같은 방식으로 작용한다. 어떤 개념(그것이 어떻게 성립되어도 전혀 상관없으며, 아무리 불명료하거나 불완전하거나 동요해도 전혀 상관이 없다)이 존재하며, 바로 이 개념의 윤곽 안에서 저 연속체를 구성하는 하나의 요소들의 복합체가 서로 만나고 결합하여 통일성을 이룬다. 이를 성숙한 이성의 언어로 표현하면 다음과 같다. 하나의 요소들의 복합체는 한 특정한 개념의 보기로 인식되어야 비로소 우리에게 '사물'이 될 수 있다. 또는 달리 표현하자면, 그것이 하나의 **사물**이 되기 위해서는 **하나의** 사물이 되어야 한다. 그런데 그것은 수적으로 하나의 개념에 대한 **하나의** 표현으로 인식됨으로써만 비로소 **하나의** 사물이 될 수 있다.

우리는 다양한 사물의 직관에 통일성을 부여함으로써 사물을 인식한다는 칸트의 명제—이 명제도 그렇게밖에 실현될 수 없다. 왜냐하면 기존의 개념이 이 직관의 단면이 하나의 통일적인 사물이라고 규정

---

14) 이 문장의 경우에는 "퍼져 있는바" 다음에 "개념에 의해" 또는 "개념을 통해"와 같은 구절을 집어넣어 읽으면 짐멜이 의미하는 바가 보다 명확하게 와 닿을 것이다.

하는 경우 이외에는 어떻게 이러한 통일성이 생성되어야 하는지 모르기 때문이다(통일성 일반은 완전히 미분화된 도식으로서 전혀 작동하지 않는 그 무엇이므로). 이러한 논리는 단순히 본래적 의미의 대상들, 즉 사물적 대상들에만 적용되는 것은 아니다. 거기에 더해 하나의 행위도 오직 하나의 개념에 의해 부단히 흐르는 우리의 의지와 자기 활동으로부터 분리됨으로써 **하나의** 행위가 된다. 오직 그렇게 됨으로써만 이 특정한 행위로 해석될 수 있고 표현될 수 있으며, 바로 이러한 해석과 표현에 근거해 그 자체로서 도덕적 판단의 대상이 될 수 있다.

다음의 두 가지 사실은 우리의 세계상의 구조에서 관찰되는 아주 주목할 만한 무엇이다. 하나는 모든 개별적인 현상은 개념을 통해, 즉 절대적으로 보편적인 것의 범주에 존재하는 구성물로서 수많은 내용들에 법칙을 부여하는 형식을 통해 비로소 현상 그 자체로서 창출된다는 사실이다. 다른 하나는 우리의 직관과 사유는 단지 이러한 초개별적 수단을 구사함으로써만 일차적인 객관성에 주어진 것의 연속성과 영원한 흐름을 개별적인 객체들로 나누고 개별적인 객체들로 형성할 수 있다는 사실이다. 저 일차적인 객관성에는 존재의 총체성 이외에는 아무런 통일성이 존재하지 않으며, 따라서 또한 아무런 '대상'도 존재하지 않는다. 바위를 깨뜨리면 조각들이 떨어져 나오는데 그중 어느 한 조각을 구성하는 물질은 내적으로 견고히 결합하지만 인접한 공간에 어떠한 물질들이 어떠한 상태로 존재하든 아무렇지도 않게 이동시킬 수 있다는 사실은, 물질적 요소들 사이에서 진행되는 상호작용들의 상대적 차이를 의미할 뿐이다. 자석은 **하나의** 사물이며, 거기에 달라붙는 쇳조각 또한 **하나의** 사물이다. 비록 이 쇳조각과 자석 사이의 응집력이 다른 물질적 요소들을—이 요소들 그 자체가 **하나의** 개념에 속하기 때문에—**하나의** 사물로 결합하는 응집력보다 훨씬 더 강할 수 있을지라도 말이다. 어떠한 방식으로 그와 같이 사물을 창조하는 개념이 심리학적으로 성립하는가는 다른 계통의 질문에 속한다.

물론 이러한 필연성이 적용되지 않거나 적어도 다른 형식원리와 혼합되어 약화된 방식으로만 적용되는 객체들의 영역이 존재한다. 우리는 유기체를 존재하는 것의 연속성으로부터 분리함으로써—이러한 분리는 오직 개념의 주도하에만 가능하다—[15] 비로소 그 통일성을 발견할 수 있는 실체라고 생각하지 않는다. 유기체는 오히려 그 자체에 내재하는 객관적 통일성을 지니며, 그 자신의 고유한 엔텔레키를 통해 스스로를 형성하고 스스로의 경계를 설정한다.[16] 유기체는 자기 자신의 내부에 중심을 갖는데, 이 중심은 유기체를 모든 존재의 이른바 무차별적인 흐름, 즉 모든 것을 하나의 연속체 안으로 끌어모으는 흐름으로부터 해방시킨다.

바로 이러한 근거로 우리에게 생명체는 무기체와 달리 언제나 개념에 의해 완전히 지배되지 않았다. 물론 어느 생명체는 사자의 개념에 속하고 다른 생명체는 인간의 개념에 속하며, 그 밖의 모든 생명체는 그만큼 많은 다른 개념에 속한다. 그러나 우리는 생명체의 본질은 그

---

15) 이 부분에는 원래 줄표가 없는데 옮긴이가 추가했다.

16) '엔텔레키'(Entelechie)는 아리스토텔레스 철학 용어로, 질료가 형상을 얻어 완성된 현실, 즉 완전태(完全態) 또는 완성작용을 가리킨다.

개념에 의해 다 논구될 수 없음을 잘 안다. 생명체는 개념으로부터 비로소 무기체로서의 규정, 즉 사물 일반으로서의 규정을 기대하는 무기체와 같지 않다. 유기체는 처음부터 통일성으로 나타나기 때문에—무엇보다도 그리고 가장 결정적으로 자신의 인격을 의식하는 데서—[17] 그것의 현실로부터 그것의 개념이 형성되는 반면, 무기체에서는 역으로 개념을 통해 통일성이 구성된다. 우리의 개념 구성의 가변성에서 연유하는 저 상대적 자유, 즉 어떠한 요소들의 복합체가 우리에게 **하나의** 객체로 간주될 것인가 하는 문제가 유기체에서는 전혀 존재하지 않는다. 유기체는 통일성으로 간주되는 제한(制限) 형식을 그 스스로 결정하며, 생명력이 없는 물질을 종합하는 경우에 볼 수 있는 가변성에 아주 명백한 한계를 설정한다.

그런데 이것은 또한 '행위'에 대한 저 잠정적인 규정, 즉 행위도 역시 개념적으로 정립되는 제한을 통해서 비로소 통일적이고 특징적인 그 무엇이 된다는 규정에 수정을 가한다. 행위는 직접적인 삶의 맥박으로 보면 기존의 개념 도식에 결코 적절하게 접합되지 않는다. 행위는 그 자신의 본질을 삶의 내면으로부터 결정하며, 또한 이 삶의 이전과 이후 그리고 전체적인 영혼적 측면들과 섞여 짜이기 때문에 외부로부터 부가되는 개념—이것은 물론 실천을 위해서 없어서는 안 된다—에 의한 제한을 우연적이고 외적인 그 무엇으로 만들어버린다. 행위는 **하나의** 행위이다. 왜냐하면 삶은 스스로 고양되어 일정한 강도

17) 이 부분은 원래 쉼표로 처리되어 있는 것을 옮긴이가 줄표로 바꾼 것이다.

의 의지를 소유하고 그 자신의 힘을 입증하며, 궁극에는 평준화되고 아무런 특징도 없이 흘러가는 일상을 능가하는 파고(波高)에 도달하기 때문이다. 이처럼 집중되고 드러나는 것은 의지적인 삶 그 자체의 리듬으로부터 연원하지만 삶의 총체적인 진행 과정과의 연속성을 단절하지 않으면서 이 삶이 전개되는 형식을 구성한다. 바로 이 삶의 전개 형식이 우리가 그때그때 '하나의 행위'라고 부르는 것인데, 이 삶의 전개 형식이 하나의 행위로 표현되기 위해서는 행위의 내용을 잘라내는 개념에 의해 제한되어서는 안 된다. 다음을 논증하는 것, 즉 윤리적 규범의 대상이 우선 개념의 속박으로부터 해방되어야 한다는 것을 논증하는 것이야말로 이 글 전체의 의도이다. 윤리적 규범의 대상을 개념에 속박하는 것은 소크라테스에서 칸트와 그 이후까지 아우르는 모든 합리주의적 윤리학에 대해, 그리고 그 합리주의적 윤리학이 최종적으로 하나의 '도덕원리'에 기초를 두는 데 결정적인 의미를 갖는다.

여기서는 먼저 법칙의 가장 중요한 속성인 보편성을 그 윤리적 의미에서 추적해야 할 것이다. 우리는 칸트 도덕철학 일반의 원리를 도덕법칙의 **보편성**이 도덕철학의 본질을 구성한다는 점으로부터 설명할 수 있을 것이다. 왜냐하면 법칙 그 자체의 의미는 구체적으로 활동하는 개인이 법칙에 의해 결정된다는 사실에 있는 것처럼 보이기 때문이다. 다시 말해 칸트 철학에서 법칙 그 자체는 개인에 의해 결정될 수 없고, 오직 개인적이 아닌 것에 의해서만 결정될 수 있으며, 또한 법칙은 그 개념이 요구하듯이 개인에 대립되기 위해서는 보편적으로 타당해야 한다.

그런데 법칙에 대한 이러한 대립의 근거는 일단 개별성의 형식 그 자체에 존재하는 것이 아니라 이 형식이 현실개념과 일치하는 것으로 간주된다는 사실에 존재하는 것처럼 보인다. 모든 존재가 어떠한 방식으로든 오직 단 한번만 존재할 수 있는 것과 마찬가지로(그것의 형식, 그것의 특성, 그것의 운동은 다른 존재의 부분들에서 반복될 수 있지만, 존재로서의 존재의 다회성[多回性]은 생각할 수 없다), 다시 말해 존재는 존재론적으로 개별성을 갖는 것과 마찬가지로, 개별성은 또한 실존으로서의 영혼적 실존에도 귀속된다. 아무튼 이러한 의미에서 보면(질적인 또는 차별적인 의미에서가 아니라 존재론적 의미에서 보면) 모든 현실은 개별적인 것이다. 내가 보기에는 바로 이러한 형이상학적 토대 위에서 반전이 일어난다. 다시 말해 모든 개별적인 것은 단지 **현실적**이다—이러한 반전은 논리적으로는 물론 구속력이 없지만 실제적으로는 진리일 수도 있을 것이다. 그 반전은 다음과 같은 상관명제, 즉 현실적이 아닌 것, 요구된 것, 이상적인 것은 개별적인 것이 아니며, 따라서 보편적인 것이어야 한다는 명제에서 자신의 윤리적 의미를 발견한다.

이미 암시한 바와 같이, 바로 여기에 칸트 윤리학의 추축(樞軸)이 있다. 그리고 우리는 누군가에게 그가 이미 필연적으로 스스로 원하는 것을 결코 명하지 않는다는 것도, 칸트 윤리학에서 전반적으로 나타나며 칸트 윤리학의 색조를 결정적으로 규정하는 명제이다. 이것은 비록 도덕적 요구를 행복추구와 동일시하려는 행복주의에 대항하는 입장이지만, 그 원칙적인 관점은 다음과 같다. 어찌 되었든 현실적인 것은 도덕적으로 요구된 것의 영역 밖에 존재한다. 주어진 현실은, 그것도 실존의 형식적 사실로서뿐만 아니라 존재의 내용으로서도 주어진 현실은, 동시에 '명령한 것'이 될 수 없다. 왜냐하면 그렇다면 현실적인 것과 언제나 일단 현실적인 것이 되어야 **하는** 이상적인 것이 터무니없이 결합될 것이기 때문이다. 요컨대 모든 현실적인 것이 개별적이라면, 이상적인 것은 보편적이어야 한다. 역으로 모든 개별적인 것이 단지 현실적인 것이라면, 그것은 동시에 초현실적인 것, 즉 법칙의 이상적 요구가 될 수 없다. 법칙은 그것이 적용되는 인간의 개별성에 그 수원(水源)을 가질 수 없다. 오히려 법칙은 초-개인적인 것의 영역에 거(居)한다. 왜냐하면 법칙은 초현실적인 것의 영역에 거하기 때문이다. 요컨대 법칙은 본래 개별적이고 현실적인 인간을 절대 지향하지 않으며, 법칙은 이러한 인간의 우연에 의해 결정된 감각적-이기적인 본성(칸트가 파악하는 바의)에서는 그 어떠한 시발점도 찾을 수 없을 것이고 우리 안의 이성에서, 우리의 '순수자아'에서 찾을 수 있을 것이다.

그리고 피히테는 도덕성의 과정에서 저 경험적-개별적 자아에게 순수한 자아에 통합되고 해체되는 것, 말하자면 사라지는 것 이외에는 그 어떠한 역할도 부여하지 않는다. 경험적이고 개별적인 자아가 여전히 존재하는 한, 결코 도덕법칙이 지배하지 않는다. 그러나 순수자아는 개인들 사이의 모든 차이점이 사라지고 오직 인간이라는 보편적인 개념으로부터 구성되는 자아이다—이 개념은 인간에 내재하는 인간성으로서, 이에 대해 칸트는 비록 인간은 충분히 신성하지 못하지만 인간성은 신성하다고 말한다.[18] "만약 모든 인간이 완전할 수 있다면"—현세적으로 실현될 수 없음이 명백한 도덕성에 대해 피히테는 이렇게 말하고 있다—"만약 모든 인간이 그들의 최고의 그리고 궁극적인 목표를 달성할 수 있다면, 그들 모두는 서로 완전히 동일할 것이다. 그들은 단 하나가 될 것이며 유일무이한 주체가 될 것이다."[19]

그러나 내가 보기에 수많은 수정에도 불구하고 여전히 존속하는, 칸트와 피히테의 선입견 없는 전제조건—즉 순수한 또는 근본적인 자

---

18) 칸트는 자신의 3대 비판서 중 하나인 『실천이성비판』에서 다음과 같이 말한다. "도덕법칙은 **신성하다**(불가침이다). 인간은 비록 충분히 신성하지 못하지만, 그의 인격에서 **인간성**은 그에게 신성하지 않을 수 없다." Immanuel Kant, *Kritik der praktischen Vernunft: Werke in zehn Bänden, Bd. 6*, Darmstadt: Wissenschaftliche Buchgesellschaft, 1983, pp. 103~302, 여기서는 p. 210: A154-155.

19) 이 구절은 요한 고틀리프 피히테가 1794년에 행한 "지식인의 규정에 관한 몇몇의 강의"에 나온다. 피히테는 거기에서 이상적 인간의 개념을 제시하고 있다. 이해를 돕기 위해서 피히테의 글을 조금 인용하기로 한다. "인간종족에 속하는 모든 개인은 서로 다르다. 그들이 완전히 일치하는 것은 단 하나인데, 그것은 그들의 궁극적인 목표인 완전함이다. 완전함은 단 한 가지 방식으로 결정된다. 다시 말해 완전하다 함은 그 자체가 완전히 동일하게 되는 것을 의미한다. 만약 모든 인간이 완전할 수 있다면, 만약 모든 인간이 그들의 최고의, 그리고 궁극적인 목표를 달성할 수 있다면, 그들 모두는 서로 완전히 동일할 것이다. 그들은 단 하나가 될 것이며, 유일무이한 주체가 될 것이다." Johann Gottlieb Fichte, "Einige Vorlesungen über die Bestimmung des Gelehrten"(1794), in: *Gesamtausgabe der Bayerischen Akademie der Wissenschaften, Bd. I, 3*(Herausgegeben von Reinhard Lauth und Hans Jacob), Stuttgart-Bad Cannstatt: Frommann-Holzboog, 1966, pp. 1~74, 여기서는 p. 40. 짐멜에 의하면 피히테는 다음과 같은 명제로 18세기의 사회적 이상을 공식화한다. "이성적 존재는 **오로지 개인**이어야지, **이러저러한 특정한 개인**이어서는 안 된다." 게오르그 짐멜, 『근대 세계관의 역사: 칸트·괴테·니체』, 김덕영 옮김, 도서출판 길, 2007, 119쪽. 피히테는 "서로 다른 특징을 지닌 개별적 자아는 도덕적 과정에서 다시 순수한 절대적 자아로 상승, 발전할 것"을 요구한다. 같은 곳.

아는 보편적인 자아이며 경험적인 자아는 그와 정반대로 개별화되고 분화된 특징을 지닌 자아로서 어쩌면 다른 자아들과 혼동될 수 없는 독특한 존재방식이다—[20]은 이론의 여지가 매우 크다. 대립된 현상을 완전히 부정할 수는 없다. 우리는 경험적 존재로서 다른 모든 사람에게도 동일하게 적용되는 수천 가지의 세력에 의해 결정되고 사회적 제도와 계층에 의해 평준화되며 보편적인 역사적 상태에 의해 채색된다. 우리가 경험적 존재로서 탈개별화하는 보편타당성을 지니는 자연법칙에 의해 조종되는 것과 마찬가지로, 우리는 경험적 존재로서 보편적인 법률에 예속된다. 그러나 초경험적 자아, 즉 우리가 선험적인 요소인 그것에 근거해 경험적인 관계들을 형성하기 위해 경험적인 관계들 안으로 가지고 들어오는 자아는 질적으로 유일하고, 형이상학적으로 고독하며 다른 모든 요소에 대해 무관심한 그 무엇일 수 있다. 적어도 내가 보기에 이러한 가능성을 배제할 수 있는 것은 아무것도 없다. 게다가 우리는 우리가 순수하게 자연적 존재로서 그 안에 위치하게 되는 자연적인 조건들의 동일성에 직면하여 다음과 같이 물을 수 있을 것이다. 사회적·역사적·개인적 성격의 모든 경험적인 개별화는 추후에 경험의 안으로 들어와서 경험을 독특한 존재방식으로 구성하는 저 요소, 즉 초월적 인격, 정초(定礎)하는 자아의 **차이성**으로 궁극적으로 소급될 수 없는지 물을 수 있을 것이다.

비록 나중에 관계들이 인간을 만들지라도, 궁극적으로—또는 근원

---

20) 이 부분에는 원래 줄표가 없는데 옮긴이가 추가했다.

적으로—보면 바로 인간이 '관계들'을 만든다. 그러므로 만약 칸트-피히테의 관념론이 실제로는 그때그때 주어진 관계들로부터 바로 이 관계들의 경험적 성격에 근거해 도출해야 하는 저 개별화들에 동일하고 완전히 보편적으로 결정된 자아의 인격이라는 절대적인 토대를 부여하고자 한다면, 그것은 내가 보기에 상당히 문제가 있다. 그러나 일단 한번 그렇게 한다면, 이와 더불어 도덕성을 개별적인 실재로부터 추방되어 보편적인 것의 영역으로 이전되도록 봉인하게 된다(이는 도덕성의 출발점[terminus a quo]과 귀착점[terminus ad quem] 모두에 해당된다).

그런데 내가 보기에 지금까지 결코 올바르게 논의된 적이 없는 합리주의적 도덕의 도그마에 반하는 성찰은 이러한 봉인을 적어도 한 부분에서 완화한다. 덕목은 **하나**라는, 예컨대 남성과 여성에게 다르지 않다는 소크라테스의 학설—또는 메가라학파[21]의 표현을 빌리면, 다수의 덕목은 이 하나의 덕목을 다양하게 나타내는 이름일 뿐이다—은 그것이 마지막으로 내면화된 칸트의 철학까지 포함해 여기에서 비판된 모든 철학적 경향의 매우 큰 특징이다. 이러한 학설은 자주 다양한

---

21) 메가라학파는 '메가라의 유클리드'(Euclid von Megara, 기원전 450?~기원전 380)를 중심으로 형성된 학파를 가리킨다. 메가라의 유클리드는 소크라테스의 제자였다. 플라톤의 저서 『파이돈』(*Phaidon*)과 『테아이테토스』(*Theaitetos*)에서 유클리드는 소크라테스의 대화 상대자로 등장한다. 스승인 소크라테스 사후 유클리드는 그 자신의 학파를 창립했다. 메가라학파는 소크라테스의 윤리학을 엘레아학파의 존재론과 결합했다. 메가라의 유클리드는 종종 저 기하학으로 유명한 유클리드와 혼동된다. 후자는 '알렉산드리아의 유클리드'(Euclid von Alexandria)라고 불린다.

악덕, 개별화된 악이 존재하지만 선한 것 그 자체에는 아무런 경향의 상위(相違)가 존재하지 않는다고 단도직입적으로 부언할 것이다.

이른바 도덕적인 것의 미학이라는 관점에서 보면 이러한 표상이 아무리 만족스러워 보인다고 할지라도, 보다 냉철한 시선으로 보면 어쩌면 그 반대의 것이 드러날 것이다. 만약 우리가 어떻게든 윤리적인 것의 특정한 영역들을 통일성의 개념 아래 포괄하기를 원한다면, 내가 보기에는 죄악이 도덕적 가치보다 거기에 훨씬 더 적합하다. 죄악은 감각적인 것이 우리의 보다 심층적이고 중심적인 것을 지배하는 데에 있다고 생각하는 것은 아주 왜곡되고 오해될 수도 있지만—그래도 참된 행동에 충분히 어떤 관계를 가질 것이다. 그러나 의심의 여지없이 감각은 보다 광범위한 지층, 즉 인류의 통일적이고 보다 보편적인 지층이다. 우리가 감각적-죄악적인 것과 밀접하게 연결짓는 이기주의가 개인적인 것의 특성을 지닌다고 생각하는 것이야말로 가장 커다란 오류이다. 이와 정반대로 이기주의는 언제나 **소유**를 지향하기 때문에, 즉 이기주의는 인간을 그의 중심으로부터 결국 다른 사람들도 가질 수 있는 또는 가지기를 원하는 객체들로 이끌기 때문에, 이기주의에는 언제나 탈개인화, 즉 어떠한 방식으로든 비인격적-보편적인 것에 대한 지향이 존재한다. 다만 피상적인 현상, 이른바 죄악의 기술이 죄악의 개인주의적 성격, 즉 이기주의적 향락의 배타성, 필연적인 은밀성 및 반사회적 경향을 믿도록 호도할 뿐이다.

보다 심층적인 본질상 우리는 선한 것보다 죄악에 훨씬 더 보편적으로 함몰될 수 있으며, 그 궁극적인 의미상 이런 특정한 내용을 취하든 아니면 다른 내용을 취하든 사실상 마찬가지이다—이는 우리의 긍정적인 삶의 가치들에는 결코 적용되지 않는다. 그러나 수많은 경우에 도덕적 행동이 "너 자신이 되라!"는 명령, 즉 가장 고유하고 가장 순수한 자아에로의 복귀에 의해 표현된다는 사실은 무의미한 것이 될 수 없다. 만약 우리가 그 스스로부터 도덕적 삶을 발전시키는 중심적인 자아를 보편적 이성과 동일한 것으로 선언하는 칸트의 폭거에 동참하지 않고, 그 자아를 그것이 체험되는 내적인 유일성 또는 고독성으로 받아들인다면—도덕성은 인간이 스스로 존재하며 "죄악으로 이르는 넓은 길"로부터 벗어나—이 길의 넓다 함은 그 길이 매혹적으로 안락할 뿐만 아니라 또한 모든 사람이 그 길을 갈 수 있음을 의미한다—그리로 되돌아가는 지점에서 유래한다.[22)]

도덕적인 것을 보편적인 것, 즉 통일적인 것이라고, 그리고 이것의 대조물을 개별화된 것, 그 본질상 고립된 것이라고 주장하는 것은 일반적인 가치평가의 유형에 속한다. 이는 긍정적인 특정의 가치영역을 통일적인 것으로 보는 반면 부정적인 특정의 가치영역을 특수화된 것으로, 즉 원래 경우에 따라 우연적인 것으로 보는 것이다. 그리하여 고대 유대인들은, 신이 진기하게도 그토록 많은 다양한 질병을 창조한 반면 단 하나의 건강만을 창조했다고 말했다. 내가 보기에 이것은 잘

22) 여기에 나오는 "넓은 길"이라는 표현은 성서에서 원용한 것이다. "좁은 문으로 들어가라. 멸망으로 인도하는 문은 크고 그 길이 넓어 그리고 들어가는 자가 많고, 생명으로 인도하는 문은 좁고 길이 협착(狹窄)하여 찾는 이가 적음이니라." 「마태복음」, 제7장 13~14절.

못된 방향으로 진행된 추상화(抽象化)이다. 왜냐하면 건강이야말로 유기체가 정상적으로 기능하는 능력이 유기체의 가장 섬세하고 특징적인 부분들에까지 미치는 것을 의미하기 때문이다. 모든 사람은 그만의 방식으로 건강하다. 자명한 일이지만 이와 동일한 논리가 원칙적으로 질병에도 적용된다. 그렇지만 질병의 상태는 여하튼 전형적인 유형의 상태들을 포괄한다. 그리고 더 나아가 건강이 나름대로 특별하기 때문에 전혀 예측할 수 없는 그때그때의 개별적인 삶에 관계된다면, 질병은 그 의미상 모든 차이를 소멸시키는, 따라서 완전히 보편적인 죽음에 지향된다.

또한 톨스토이는 언젠가 말하기를, 행복한 모든 사람은 그 자체가 서로서로 비슷하나—칸트의 견해도 그러하듯이, 마치 궁극적으로 **단 하나의** 행복만이 존재하는 것처럼—각자는 독특한 방식으로 불행하다. 그러나 이것은 행복을 그것의 전형적인 **유인**(誘因), 즉 부유함, 사회적 지위, 성공, 사랑하는 사람을 '소유하는 것' 등과 혼동하는 경우에만 타당할 수 있다. 물론 이 경우에 행복은 어디서나 상당히 균일한 그 무엇이다. 다시 말해 이러한 재화들은 완전히 보편적이고 양적으로 등급을 나눌 수 있는 적은 개념들 아래 포괄될 수 있다. 그러나 행복의 외적인 원인들 대신에 그 주관적인 사실성에 대해 묻는다면, 행복은 순간적인 자극과 아름다움으로 구성되는 삶 자체와 똑같이 개별적이고 그 무엇과도 비교될 수 없다. 다만 고통에 대해서는 종종 그만큼 가시적인 외적인 원인들을 제시할 수 없기 때문에, 즉 고통은 종종 단지 결핍·실망·몰락에만 존재하기 때문에, 고통은 행복과 달리 개인의 내적이고 독특한 본질로부터 발생하는 것처럼 보인다. 그러나 실제로 행복은 고통이 그러는 것 못지않게 개인의 내적이고 독특한 본질에 거한다. 아니 행복은 대개는 보기보다 훨씬 더 섬세하고, 정의할 수 없으며, 요소들 사이에 일어나는 드문 조합에 의존하는 그 무엇이기 때문에, 내가 보기에 행복은 훨씬 더 빈번하고 말하자면 언제나 확실한 근거가 없는 요소들에 의해 야기되는 불행보다 훨씬 더 강하게 특별한 것, 개별적인 것, 말하자면 우연적인 것으로 나타난다.

요컨대 내가 보기에 도덕적인 것의 보편성—특히 이 보편성이 도덕적인 것의 통일성 형식으로서 강조되는 경우에—은 전형적으로 **가치들의 조화**를 추구하는 이러한 경향에서도 그 근원의 일부분을 찾을 수 있다. 그런데 이 경향은 어디까지나 심리학적-낙관주의적일 뿐이다. 보다 현실주의적 관점을 취한다면, 우리의 죄악이 우리의 가장 깊고 선한 것보다 훨씬 더 일반적이고 전형적인 성격을 갖는다는 사실을 간과할 수 없을 것이다. 그러나 이것은 보다 부수적인 것으로서 논외로 하고 다음과 같은 질문을 던지기로 한다. 그와 같은 보편성의 진정한 의미는 무엇이며, 전체적인 윤리적 상황의 어디에서 보편성에 의해 결정된 법칙이 작용하며, 법칙의 어떠한 대립물이 법칙에게 보편성을 강조할 필요성을 제공하는가?

내가 보기에 여기에서 가장 결정적인 것은 '행위'의 개념이다. 행위는—나는 위에서 확증된 것을 계속해서 활용할 수밖에 없다—어떻게든 보편적인 법칙에 예속되려면 정확히 한계가 설정된 그 무엇으로서 간주되어야 한다. 다시 말해 그 자신의 고유한 중심과 그 자신의 배타적인 주변부에서 그 자신의 의미를 찾음으로써 하나의 개념에 의해 충분히 기술할 수 있는 그 무엇으로서 간주되어야 한다. 칸트는 도덕적 행위에 대해 그 원칙은 언제나 그리고 어디서나 타당한 법칙일 수 있어야 한다고 요구하는데, 이와 더불어 도덕적 행위는 아주 다양한 삶의 과정에서 전적으로 동일한 행위로 재인식된다는 것이 가정된다. 개별적 삶의 순간, 요소 및 결단이 항구적인 실존의 통일성과 서로 섞여 짜이는 한, 이것들은 오직 그 실존의 중심 및 유출과 관계를 가짐으로써만 의미를 지니며 오직 그와 같은 개인적 삶의 호흡으로서만 존속한다.[23] 그러나 이것들이 개인을 넘어서는 법칙성의 질료가 되려면, 일단 이러한 연관관계로부터 분리되어야 한다. 왜냐하면 이것들은 더는 개인의 혈액순환으로부터 자양분을 섭취하지 않으면서 개인으로부터 독립함으로써만 비로소 다른 결합관계에 편입될 수 있으며, 또한 다른 그리고 임의적으로 많은 개인을 규제하는 형식은 바로 이 결합관계에서 명백히 드러날 수 있기 때문이다.

물론 칸트에게서도 행위를 부단한 삶의 맥락에 편입하는 것처럼 보이는 모티프가 빈번하게 등장한다. 다시 말해 칸트는 개인이 그의 삶의 과정에서 마지막 순간까지 보여주는 '도덕성의 진보'를 강조한다. 그러나 이것은 무엇보다도 그와 같이 지속적인 진보가 실제적으로 존재하는 사람들에게나 적용되는 논리로서 경험상 그렇게 빈번하게 관

---

23) 이 문장에서 "이것들은 오직 그 실존의 중심 및 유출과 관계를 가짐으로써만 의미를 지니며"는 '이것들은 오직 그 실존을 중심으로 하며 바로 이 중심이 되는 실존이 유출된 것으로서만 의미를 지니며'라고 읽으면 될 것이다.

찰될 수 없어 보인다. 또한 예컨대 괴테가 보기에 이것은 지극히 의심스럽다. 그에 따르면 인간은 나이가 들면서 다른 사람이 되지만, 더 좋은 사람이 된다고 말할 수는 없을 것이다. 아무튼 이를 논외로 하더라도, 칸트에게 이러한 진보는 개별적인 행위들의 연속을 의미하는 것이 아주 명백한데, 이 개별적인 행위들은 거기에 내포된 모든 도덕성의 양적인 증가를 통해 일련의 상승계열을 형성한다. 그러므로 칸트에게는 확고한 개념에 속하는 고립된 행위가 도덕적 판단의 대상이 된다.

그런데 이것은 정언명령뿐만 아니라 다음과 같이 모든 일반적인 원리에도 적용된다. 신의 명령이나 아리스토텔레스의 '중용'이나 또는 사회적 발전의 최적 조건도 개별적 삶의 중심으로부터 비상하는 행위를 포착하는 것이 아니라, 말하자면 위로부터 개념에 의해 제한되는 행위를 포착한다. 이 모든 것에서는 행위가 단지 외적인 사효적(事效的) 행위[24]로 파악되든 또는 외적인 성취나 비성취와 무관하게 드러나는 순수하게 정신적인 의지의 내용으로 파악되든 아무런 차이가 없다. 왜냐하면 후자의 경우에도 행위는 오직 삶 전체로부터 분리되고 하나의 개념에 의해 표현될 수 있는 의미를 통해서만 보편적인 법칙에

24) 여기에 사용된 '사효적 행위'(opus operatum)라는 개념은 원래 전통적인 가톨릭의 성사론 용어이다. 이는 구체적으로 성사의 효과는 성사 집행자의 인격에 의존하지 않고 성사를 집행하는 행위 그 자체에서 생긴다는 의미를 내포한다. 개신교는 사효적 행위에 반해 '인효적(人效的) 행위'(opus operantis)를 주장한다. 다시 말해 성사의 효과가 나타나기 위해서는 인간의 적극적인 참여가 요구된다는 것이다. 그리스도의 구원 행위에 대한 인간의 응답이 필요하다는 것이다.

대해 문제가 되기 때문이다. 여기에서 삶은, 도덕적으로 고찰하면 서로서로 결합된 개별적인 행위들의 총합으로 구성된다. 어떤 개별적 행위는 그 개념의 지배영역에서 추론할 수 있는 특정한 경계와 더불어 중단되고 다른 행위는 거기에 상응하는 경계와 더불어 시작된다.

우리는 이 맥락에서 표상심리학과의 친화성을 명백히 엿볼 수 있다.[25] 이 심리학적 방법은 그 내용들이 끊임없이 서로서로 넘나드는

---

25) 표상심리학(表象心理學; Vorstellungspsychologie)은 독일의 철학자이자 심리학자이며 교육학자인 요한 프리드리히 헤르바르트(Johann Friedrich Herbart, 1776~1841)에 의해 체계화된 심리학의 조류이다. 헤르바르트는 심리학이 형이상학적이고 사변적으로 사유하는 '영혼론' 또는 '영혼학'의 단계를 벗어나 엄밀한 경험과학으로 발전하는 데 결정적인 역할을 한 인물이다. 사변적 심리학의 기초 개념이 '영혼'이라면 바로 '표상'이 경험적 심리학의 기초 개념이 된다. 그러나 여기에서 반드시 기억해야 할 사실이 한 가지 있으니, 헤르바르트는 형이상학적인 사변적 심리학으로부터 완전히 결별하지 않았다는 점이 바로 그것이다. 그의 심리학은 오히려 사변적 심리학과 경험적 심리학의 과도기에 속했으며, 양자를 모두 포괄하고 있었다. 헤르바르트는 심리학이 경험적이어야 한다는 입장을 고수했지만, 실험적이어야 한다고 생각하지는 않았다. "헤르바르트는 명백히 사변적 심리학의 입장과 경험적 심리학의 입장을 동시에 취하고 있지만 그의 심리학이 근본적으로 영혼에 바탕을 두고 있다는 점에 비추어볼 때, 그의 심리학은 '심리학'이라기보다는 오히려 '영혼학'이라고 말하는 것이 더 정확한 표현일 것이다. 이 점에서 헤르바르트의 심리학은 엄밀히 말하여 '심리철학'이다." 이환기, 『헤르바르트의 교수이론』, 성경재, 2004, 23~24쪽. 심리학에 실험적 방법이 도입된 것은 19세기 중반 이후 구스타프 테오도어 페히너(Gustav Theodor Fechner, 1801~87)와 빌헬름 분트(Wilhelm Wundt, 1832~1920) 등에 의해 발전된 실험심리학에 이르러서이다. 엄밀한 경험과 실험에 기초하는 오늘날의 심리학에서 헤르바르트의 심리학은 잊혀지고 이제 더 이상 설 자리가 없다. 그렇다면 표상심리학의 근간이 되는 표상을 헤르바르트는 어떻게 이해하는가? 그는 표상을 "영혼의 자기 저장"이라고 정의하며, "영혼이 표상으로 나타난

다"고 설명한다. 헤르바르트에 의하면 "영혼은 '영혼'의 상태로 존재하는 것이 아니라 언제나 '표상'의 상태로 존재하며, 표상과의 관련을 떠나서 영혼은 논의될 수 없다." 같은 책, 59쪽. 그는 표상을 다른 말로 사고영역 또는 사고권이라고도 일컫는다. 이러한 개념정의에 기초해 헤르바르트는 우리의 모든 정신적 현상, "즉 추상·판단·비교·이성·자아·기억과 상상력뿐 아니라, 감정·욕망·의지·도덕성 등도 표상의 결합이나 융합 또는 복합으로 설명하려고" 시도한다. 같은 책, 56쪽. 헤르바르트는 영혼을 아무런 특성도 없고 부분으로 나눌 수 없는 단순 실재로 파악한다. 영혼은 경험적 심리학의 대상도 아니요 사변적 심리학의 대상도 아니다. 같은 책, 56~57쪽. 심리학의 대상은 표상과 표상의 결합이나 융합 또는 복합으로 나타나는 인간의 정신적 현상에 있다. 헤르바르트의 표상심리학은 프로이트의 정신분석학이 발전하는 데에도 중요한 역할을 했다. 헤르바르트에 의하면 상호 대립하던 표상들 중 의식의 지층 아래로 밀려나는 표상은 그대로 소멸해 버리지 않고 무의식적인 표상으로 잠재해 있게 된다. 바로 이러한 이론이 프로이트의 무의식 이론이 형성되는 데 일정한 영향을 끼쳤던 것이다. 그 밖에도 헤르바르트는 교육학을 철학으로부터 독립시켜 체계적인 과학으로 정립하고자 시도한 인물이다. 그는 현대의 '과학적 교육학의 아버지'로 여겨진다. 그는 표상, 사고영역(사고권), 몰두, 숙고, 통각, 다면적 흥미, 교수단계설 등의 개념 및 이론과 더불어 현대 교육학의 발전에 커다란 족적을 남겼다. 같은 책, 15~16쪽, 그리고 83쪽도 같이 참조할 것.

짐멜은 「자유에 관하여: 미완성의 유고작」(Über Freiheit. Bruchstücke aus dem Nachlass) — 이 글은 짐멜이 1918년 9월 마지막 병상에서 오토 밴쉬(Otto Baensch)에게 문화철학 저널 『로고스』(*Logos*)에 게재를 부탁한 글인데, 짐멜 사후인 1922년에 발표되었다 — 에서도 표상심리학을 비판한다. "[……] 연속성과 인과성의 이러한 모순은 한 사건영역에 대해 이미 널리 인정된다. 심리학적 사건영역이 바로 그것이다. 여기서는 칸트가 의미하는 정신능력("오성이 감성을 결정한다")에서든 표상심리학에서든 모든 인과성이 정신적 요소들의 상호 고립화에 근거한다. 표상심리학은 개별적인 표상들을 상호 고양되게 하거나 억압되게 하고, 상호 반발되게 하거나 연결되게 하며 이러한 엄격히 인과적인 기계론을 영혼의 삶이라고 공언한다. 이는 물론 이미 오래전부터 영혼의 삶을 폭력적으로 갈기갈기 찢고 자의적으로 실체화하는 것임이 간파되었다. 우리는 이제 영혼의 삶을 매 순간 달리 채색되고, 달리 채워지며, 달리 지향되는(그 밖의 다른 경우에는 표현할 수 없는) 통일성의 발전이라고 생각한다. 이 발전은 비록 의식의 흐름으로부터 그때그때 논리적으로 어떻게든 독립적으로 표현될 수 있는 내용들을 분리해 낸다. 또는 달리 말하자면, 그때그때 이 넘치는 내용들의 논리적 핵심을 포착하고는 거기에 일종의 영혼적 실체의 지위를 부여하는데, 바로 이 영혼적 실체와 더불어 모든 내용은 이제 '표상'으로 나타난다. 이러한 방식으로 나름대로의 통일성을 획득한 표상들로부터 영혼적 삶의 상(像)이 창출되는데, 바로 이 상(像) 안에서 그 표상들은 비상하고 침몰하며, 서로 결합하거나 분리되며, 서로를 재생산하거나 제지하며, 교대로 의식의 영역을 지배하거나 심지어 왜곡하는 등의 운동을 한다—그것도 마치 각각의 표상 그 자체가 모든 표상에 공통된 개인적 삶의 근원에 대해서는 아무것도 모르게

외적인 감각들에 의해 자극되지만 내부로부터 추동되는 유기적 성장이기 때문에, 순간과 순간 사이에 그 어떠한 간격도 그리고 처음부터 내용과 내용 사이에 존재하는 그 어떠한 실제적인 무관계성도 불가능하다. 여기서는 한 단계가 다른 단계를 따라서 발전한다. 다시 말해 각각의 단계는 전혀 그 깊이를 측량할 수 없는 내적 동력으로부터 추진되며, 각각의 단계는 비록 이와 같은 동력이 그 이전의 단계들을 그것들의 표현으로서 이미 죽 거쳐왔다는 사실에 의해 결정되지만, 거기에서 우리에게 잘 알려지고 중요한 의미에서의 인과성—즉 보편적인 법칙에 따라서 한 개별성을 다른 개별성과 결합시키며 한 개별성을 다른 개별성의 복합체를 통해 창출하는 것—은 발견할 수 없다. 그러나 사람들은 인과성 없이는 곤란했기 때문에 인과성을 적용할 수 있는 유일한 가능성을 착상하게 되었다. 그 가능성이란 구체적으로 영혼의 삶을 원자화하는 것이고 이 삶의 연속적인 흐름을 막아, 그때그때 그 자체적인 에너지에 충전되어 원인과 결과의 도식에 입각한 기계적인 운동을 하는 개별적인 표상들로 분리시키는 것이다." Georg Simmel, "Über Freiheit. Bruchstücke aus dem Nachlass"(1922), in: *Georg Simmel Gesamtausgabe 20. Postume Veröffentlichungen, Ungedrucktes, Schulpädagogik*, Frankfurt am Main: Suhrkamp, 2004, pp. 80~115, 여기서는 pp. 102~03.

만드는 특수한 능력을 소유한 것처럼 그리한다. '표상들의 운동'에 대한 이러한 기계론적 상(像)은 이제는 사실상 포기된 그 과학적 원리성을 넘어서 광범위하게 영혼적 과정의 통속적인 표현방식을 규정한다.

그런데 내적 현실을 표상하는 이러한 방식은 '보편적인 도덕법칙'에 의해 당위의 이상성도 파악했다. 내적인 과정들이 개별적인 삶의 맥락의 내부에 존재하는 한, 오직 이 맥락에서만 가능한 한, 그리고 통일적인 삶 전체의 드라마가 지금 바로 진행되는 장면인 한, 보편적인 법칙은 결코 내적인 과정에 관련될 수 없다. 보편적인 법칙은 생생한 내용을 그것이 체험되는 형식에서가 아니라 개념화된 내용성의 형식에서 파악하는데, 이 형식은 보편적인 형식으로서 모든 삶의 과정에서 반복될 수 있으며 모든 삶의 과정에서 도덕법칙으로부터 추론된 동일한 판단을 얻는다. 이렇게 보면 모든 윤리적 성찰에서—그리고 통속적인 관념의 깊숙한 지층까지 포함해—기계론적 사고방식이 지배하고 있음이 아주 명백하게 드러난다. 다시 말해 이 영역의 내부에서는 법칙과 복종, 이기주의와 몰아성(沒我性), 행복과 미덕, 감성과 이성 그리고 다른 많은 것들이 확실히 결정된 의미처럼 보인다. 어떻게 이것이 지적 구성의 모종의 무익성, 즉 생동하는 현실이 아니라 보다 유순한 개념 구성을 통해 접근할 수 있는 현실에 상응한다는 사실은 중세적 윤리를 보면 알 수 있을 것이다. 중세 윤리를 표현하는 모든 문학에서는 미덕과 악덕이 도식화되어 미덕과 악덕이 철저하게 의인화되어 서로 대립되는데—이는 종종 동물들이 개별적인 악덕들을 표현하는 기괴한 상징에까지 이른다.

윤리적 특성들의 이러한 위계질서에서 이 특성들의 기능적 성격은 완결적인 실체성 앞에서 완전히 물러난다. 이와 같은 극단을 논외로 하더라도, 윤리적 특성들은 비록 그것들이 주관적으로 실행되는 과정에서 동요와 모순을 인정한다 할지라도 아주 빈번하게 그 객관적인 이념상 확고히 규정된 범주로 간주된다—또한 윤리적 특성들은 마치 물리적 체계의 요소들이라도 되는 것처럼 혼합의 관계, 조정의 관계, 인력과 척력의 관계, 특히 양적 규정 가능성의 관계로 이어진다. 그리고 물리적 체계의 요소들이 그 각각이 거기에 해당하는 규정에 따라서 정확하고 확고하게 결정된다는 이유만으로 자연법칙에 예속되듯이, 윤리적 표상에서는 법칙의 보편성과 개별적인 행위들을 삶의 흐름으로부터 분리하고 고립시키는 제한성 사이에 상관관계가 존재한다. 이것은 당위가 삶을 벗어나고 삶과 원칙적으로 대립되는 것으로 간주되는 한 가능하다. 물론 이 경우 합리주의적 방법에 따라 합리주의적 개념을 통해 남김없이 표현할 수 있는 고립된, 그리고 보편적인 원리에 예속되는 구조물들을 기대하는 데 아무런 방해물이 존재하지 않는다. 그러나 당위에서 삶 그 자체의 형식이 인식되는 바로 그 순간에 그와 같은 불연속성은 배제된다. 당위의 흐름은 비록 전혀 다른 차원에서 흐르지만 현실적인 삶의 흐름을 수반하는데, 이 흐름의 연속성은 엄격히 분리된 개념들의 지배를 받지 않고 그와 같은 개념들의 논리적 위계질서를 스스로 거부한다.

제3장

중간 고찰—이론적 고찰

체험된 것으로서의 의식내용들과 이로부터 분리된 이상성에 존재하는 것으로서의 의식내용들의 관계에는 일종의 모순이 존재하는데, 나는—이 관계야말로 이 연구의 가장 근본적인 문제가 되기 때문에—이제 이러한 모순의 가장 보편적인, 즉 이론적인 타당성을 고찰할 것이다. 우리는 당위를 삶의 과정으로 파악했는데, 이 삶의 과정에는 당위의 내용들이 다소간 명령적인 형식을 띠면서 대립한다(이러한 대립은 아직 이 초월성이 삶에 아주 깊이 내재한다는 것을 인식하는 형이상학적 화해 이전의 단계이다). 그렇다면 윤리적 가치와 문제를 이제 논하려는, 보편적인 형식으로서의 이론적 관계들에 편입하는 데 아무런 어려움이 없을 것이다.

우리는 우리 영혼의 삶을 그것이 생생하게 운동하는 모든 시기에 연속적으로 진행되는 과정으로 보아야 하는데, 이 과정을 의식하는 것은 그 밖의 어떠한 사실과도 비교할 수 없는 사실이다. 왜냐하면 이 의식은 아직도 인식하는 주체와 인식된, 따라서 어떻게든 객관적인 내용으로 분리되지 않았기 때문이다. 만약 이 의식을 대상적인 것으로 생각한다면, 곧바로 그 어떤 이미지를 통해, 즉 운동, 흐름, 전개되는 실마리 또는 다른 유사한 것의 이미지를 통해 주체와 내용의 분리가 일어난다. 그러나 우리는 이 의식의 본질이 주체와 내용의 분리와 더불어 파악되지 않는다는 사실을, 아니 실로 의식은 어떠한 방식으로든 **파악되어야** 하는, 즉 객체가 되어야 하는 바로 그 순간에 우리로부터 사라진다는 사실을 아주 잘 알고 있다. 다시 말해 끊임없는 삶에 대한 지식은 아마도 우리가 소유하는 지식들 가운데 유일하게 절대적인 의미에서 직관적인 지식일 것이다.

그러나 바로 이러한 의미에서 우리는 사실상 끊임없는 삶에 대한 지식을 그 자체만으로 소유하는 것은 결코 아니다. 우리가 이러한 지식을 소유하는 경우, 그것은 언제나 이미 추상화되고 대상화된 것이다. 다시 말해 끊임없는 삶에 대한 지식은 그 어떤 내용들을 통해서만 존재하는바, 이 둘은 온전히 진술할 수 없는 방식으로 결합되어 있다. 우리는 부단히 무엇인가를 알고, 희망하고, 믿고, 느끼며, 모든 관찰과 성찰은 **내용들**로 가득 채워진다. 그러나 우리가 내용들을 표상하고 바로 이 내용들로 삶을 구성하게 되면 삶의 연속성은 파괴된다—이는 우리가 간단없는 삶인 '역사'를 과학적-지성주의적으로 개별적인 '사건들'로부터 종합하는 것과 똑같은 논리이다. 사실상 이렇게 하면 표상의 내용들이 순수하게 심리학적으로 받아들여지기 때문에 아무런 간극 없이 서로 교환되는 것이 저지되지 않는다.[1] 그러나 우리가 표상의 내용들을 내용들로서 의식하게 되면, 다시 말해 그것들을 심리학적으로 소유할 뿐만 아니라 이 소유와 더불어 무엇인가를 **의미하게** 되면 이 의미한 것은 즉시 불연속적이고 그 자신의 고유한 타당성을 지니는 구성물이 된다. 내가 무엇인가를, 예컨대 별이나 전쟁, 도구나 형이상학적 기본개념을 표상하면, 이 무엇인가는 표상내용으로서 확실히 고정적이고 불변적인 그 무엇이 된다. 나는 이것 다음에 다른 어떤 것을 생각할 수 있거나 이것 대신에 다른 어떤 것을 생각할 수도 있을 것이다. 후자는 어쩌면 전자로부터 그저 아주 적게 벗어날 수도 있을 것이다. 그러나 그것은 전혀 다른 어떤 것이 될 것이며 '스스로' 변한 그 무엇이 아닐 것이다.

다음은 사고의 내용이 보여주는 특징이다. 시간과 공간에 존재하는 사고내용의 객관적인 대상은 모든 우주적인 것과 마찬가지로 부단히 변화한다. 이 대상을 사고하는 주관적 과정도 그와 똑같다. 그러나 사고내용의 대상 자체는 단지 그것이 존재하는 것 바로 그것일 수 있으며, 만약 언어의 관용이 대상을 변화하도록 만든다면, 이는 자신의 진행 과정이 온갖 변화를 함에도 불구하고 끝까지 스스로를 변하지 않는 것으로 느끼는 자의식이 인간 중심적으로 전이된 것이다. 확실히 사물

---

1) 이 문장에서 "이렇게 하면"은 그 앞 문장에 나오는 "우리가 내용들을 표상하고(면)"을 가리킨다. 표상은 감각이나 직관의 단계로 의식의 전(前) 단계로 볼 수 있다.

이 외적으로 또는 내적으로 운동한다면, 나는 일종의 변화인 이 운동도 표상할 수 있다. 그러나 이때 그와 같은 변화는 내용들의 이념적인 영역에서 확고부동한 것이며, 그와 같은 변화의 개념은 자신의 상존재(常存在)에서 영원히 지속하는 것이다.[2)]

인간의 생동하는 의식은 내용들의 이념적인 영역을 순회하면서 때로는 이 내용을 때로는 저 내용을 탐지하거나 수용하다가 다음 순간에는 다른 내용으로 채우게 된다고 비유적으로 생각할 수 있을 것이다. 이는 아마도 조형예술의 형식에서 가장 가시적으로 드러날 것이다. 예컨대 밀로의 비너스에서 실재였거나 실재인 모든 것은 부단한 운동을 보여준다. 예술가의 영혼 내에서 이루어지는 창조적 과정과 그의 노동하는 손, 대기(大氣)의 영향과 다른 영향들에 의해서 지속적으로 부식될 뿐만 아니라 그 내부에서 역시 지속적으로 분자 과정들이 진행되는 돌 자체, 관람자에 의한 감각적 수용과 그 수용된 이미지가 관람자의 영혼에 대해 갖는 의미가 바로 그것이다. 여기서는 절대적으로 고정된 것은 그 어디에도 없다. 그러나 우리가 '밀로의 비너스'라고 부를 때 의미하는 예술적 현상은 바로 이러한 고정성을 가지며, 이 예술적 현상의 형식은 시간적으로 작용하는 물리적 또는 심리적 힘에 의해 약화

2) 이 문장에 나오는 '상존재'(常存在)는 독일어 'Sosein'을 우리말로 옮긴 것이다. 철학에서 존재를 표현하는 개념으로는 'Sein', 'Dasein', 'Sosein' 등이 있다. 일반적으로 'Sein'은 '존재(일반)'로, 'Dasein'은 '현존재' 또는 '거기 있음'으로, 그리고 'Sosein'은 '상존재' 또는 '그러한 존재'나 '그리 있음'으로 옮긴다. 독일어에서 'da'는 '거기에' 그리고 'so'는 '그렇게'라는 뜻이다.

될 수 없다. 이 예술적 현상의 형식은 대리석 조각이 루브르 박물관에서 붕괴되든 그리고 언젠가 어떤 사람도 더는 밀로의 비너스라는 예술 현상을 생각하지 않든 전혀 상관없이 절대적이고 영원히 불변한다.

모든 대상적 의식내용 자체가 이전에 고안해 낸 형식의 이러한 영원성에 관여한다. 물리적으로 실현되든 또는 심리적으로 실현되든 상관없이 모든 대상적 의식내용은 우주의 판타 레이(πάντα ῥεῖ, panta rhei)[3]에 존재한다. 그러나 그 고유한 의미의 형식에서, 즉 사유가 그것을 찾는 곳에서, 모든 대상적 의식내용은 그 어떤 변전(變轉)에 의해서도 영향을 받지 않는다. 모든 대상적 의식내용의 주변부는 그것의 중심에

---

3) 이는 고대 그리스의 철학자 헤라클레이토스(Heracleitos, 기원전 544~기원전 484) 사상의 핵심을 표현하는 두 단어인데, "모든 것은 흐른다", "모든 것은 변한다" 또는 "만물은 유전(流轉)한다"로 옮길 수 있다.
짐멜은 근대 이후의 세계를 바로 헤라클레이토스적 세계로 파악한다. 근대로 들어오면서 견고하고 실체적이며 안정된 모든 것이 발전과 운동 및 불안정의 상태로 이행했기 때문이다. 이는 무엇보다도 돈이라는 문화현상에 가시적이고 전형적으로 나타난다. 그리고 짐멜은 운동의 모티프를 미학적으로 형상화한 로댕의 예술세계를 "근대적 헤라클레이토스주의"라고 표현한다. "이렇게 묘사된 세계상에서는 경험적 광경의 실체성과 고정성이 운동으로 이행되며, 끊임없이 전환하는 가운데 일정한 양의 에너지가 물질적 세계를 관통하여 흐른다. 아니면 운동과 에너지가 바로 이 세계**이다**. 어떤 형상에도 경미한 지속성조차 없으며, 형상의 윤곽에 나타나는 외견상의 통일성은 진동과 에너지가 교환되는 물결치기 바로 그것이다. 로댕의 형상은 그렇게 지각된 세계를 구성하는 요소이다. 육신의 윤곽과 운동은 여기서 무한한 형성과 소멸에 휩쓸려 들어갔다고 느끼며, 매 순간마다 생성과 쇠퇴가 교차하는 지점에 서 있는 영혼들을 표현하는 상징이다." 게오르그 짐멜, 『예술가들이 주조한 근대와 현대: 미켈란젤로 · 렘브란트 · 로댕』, 김덕영 옮김, 도서출판 길, 2007, 108~09쪽.

의해 결속되기 때문에 다른 어떤 것에 대해서도 개방되지 않는다. 이에 대한 가장 순수한 직관은 다시금 예술작품이 제공한다. 예술작품은 액자 내부에서 일종의 섬이 되는바, 이 섬에는 예술작품 이외의 다른 어떠한 것, 나머지 세계 전체의 그 어떠한 존재나 자기 운동도 침입할 수 없다.[4)]

그런데 우리는 자신만의 순수하고 고유한 생명력의 원리를 따르는 의식을 갖는 것이 결코 아니라 언제나 내용들, 이미지들, 이것과 그것, 간단히 말해 자체적으로 결합되지 않고 부단하게 그것들을 관통해 흐르는 의식에 의해 결합되는 부동적(不動的)이고 불연속적인 것만을 갖는다. 그리하여 일단은 다음과 같이 기괴한 관계가 남는다. 영혼의 삶, 즉 자아는 연속적이며 내적으로 무제한적인 과정이기는 하나 우리는 이러한 과정을 궁극적으로 그 본질적 의미가 과정이 아니라 불연속성이며 시간을 초월하는 내적 지속인 의식내용들을 통해 파악한다. 의식

---

4) 1902년에 발표한 「액자: 미학적 시론」(Der Bildrahmen. Ein ästhetischer Versuch)이라는 글에서 짐멜은 이렇게 주장하고 있다. 액자는 "예술작품의 모든 주위 환경을, 그리고 관람자 또한 배제함으로써 예술작품에 거리를 부여한다. 예술작품을 미학적으로 향유할 수 있는 것은 이처럼 액자가 부여하는 내부와 외부 사이의 거리를 통해서이다." Georg Simmel, "Der Bildrahmen. Ein ästhetischer Versuch"(1902), in: *Georg Simmel Gesamtausgabe 7. Aufsätze und Abhandlungen 1901~08, Bd. 1*, Frankfurt am Main: Suhrkamp, 1995, pp. 101~08, 여기서는 p. 101. 짐멜에 의하면 액자는 "두 연안 사이를 흐르는 해류"와 같은 것이다. 이 해류는 예술작품을 외부 세계로부터 단절해 "섬과 같은" 존재로 만든다. "그러므로 액자는 그 형식을 통해 말하자면 세계가 예술작품 안으로 흘러들어올 수 있거나 예술작품이 세계로 흘러나갈 수 있는 틈이나 다리가 되어서는 결코 안 된다." 같은 글, pp. 102~03.

내용들은 현존할 수도 있고 현존하지 않을 수도 있다. 그러나 운동, 즉 과정은 의식내용들에 내재하지 않는다. 우리가 사고하면, 우리는 단지 내용들을 담는 그릇이거나, 좀 더 정확히 말하자면 내용들의 현존재가 된다. 반면 우리는 내용을 담지하거나 생산하는 과정을 파악할 수 없다. 왜냐하면 이 과정은 파악되는 순간에 그 자체가 이미 내용이 되기 때문이다. 그럼에도 불구하고 우리는 이 과정을—다른 어떤 것이 아니라 오로지 이 과정을 위해 존재하는 의식 자체(sui generis)와 더불어—개념적으로 표현할 수 있는 이념적인 내용들에 대비되는 우리 사고의 궁극적인 실재로 알고 있다.

확실히 다른 방향에서 유래하는 형이상학적 성찰이 여기에서 얼마만큼 논의를 수월하게 할 수 있을 것이다. 물론 이것의 순수하게 논리적인 구조가 생동감 넘치는 현실로 전환될 수 있는 가능성—나는 그러한 가능성을 믿지 않는다—이 주어진다는 가정 아래 그렇다는 것이다. 이러한 형이상학적 성찰은 논리적 추론 과정에 의해서 가장 간단하게 표현할 수 있다. 'S는 M이다; M은 P이다; S는 P이다'라는 삼단논법에서는—'S는 P이다'라는 결론이 두 전제로부터 도출되거나 추론된다는 표현이 엄청난 난점을 은폐한다. 우선 이 세 명제의 각각은 내적으로 완결된 진리이며, 더 이상의 것을 필요로 하거나 더 이상의 것에 손을 뻗치지 않고 그 자체로 타당하다. 그리고 이것들을 삼단논법으로 결합하는 연속배열은 그 명제들 자체와 아무런 관계가 없다. 왜냐하면 세 명제 모두가 한결같이 무시간적이기 때문이다. 이 세 명제를 사고하는 의식이 **의미하는** 그것들의 고유한 객관적인 내용이 아니라, 이 명제들을 심리학적 형식으로 수용하는 이 의식 자체만이 그것들에게 논리적 추론의 질서를 부여하며 이 세 명제의 각각으로 하여금 자신의 한계를 부수고 나오도록 만든다. 그리하여 각각의 명제가 다른 명제와 결합할 수 있게 된다.

우리는 각각의 개별적인 전제를, 그리고 그와 마찬가지로 결론을 이러한 사고로부터 독립해서 존재하며 타당한 그 무엇으로 생각할 수도 있다—그러나 결론 그 자체, 즉 세 번째 명제가 앞의 두 명제로부터 "나오는 것"은 오직 이 사고에서만 그리고 오직 이 사고를 통해서만 가능하다. 명제들 그 자체는 경직되고 열매를 맺지 못하는 병렬관계에 머무는데, 이 관계로부터는 명제들 사이의 유동이나 결합을 이끌어 낼 수는 없다. 요컨대 연속적으로 흐르는 사고 과정만이 유일하게 이를 실현하기 때문에, 이 과정은 세 명제 모두를 논리적인 명제로서 그 안에 폐쇄하는 한계를 넘어서는 것이 명백하다. 사고 과정은 연속적이며, 따라서 'S는 M이다'라는 명제 다음에 중단한 후 일정한 간극을 두고 'S는 P이다'라는 명제에서 다시 시작하지 않는다는 바로 그 이유 때문에, 말하자면 개별적인 내용들의 한계를 벗어나고 이 내용들 사이에 논리적 추론형식으로 표현되지 않으면서 그것들을 결합하는 무엇인가를 위치시킨다.

요컨대 이러한 논리적 형식의 내용은 그 혼자의 힘으로 추론을 조직하는 영혼의 과정이 포괄하는 것의 한 **부분**일 뿐이다. 여기에서 예의 그 세 개의 판단은 삼단논법의 영혼적 전개를 그 방향에서 확정하지만 그것을 구성하거나 채우지는 않는 체류지 또는 통과점일 뿐이다. 추론을 추론으로 만드는 것, 즉 영혼의 운동, 관통, 역동적 결합—이것은 추론을 완전히 타당하게 표현하는 것처럼 보이는 판단들에는 전혀 포함되어 있지 않다.[5)]

그러나 이것은 간단하게 받아들일 수 있는 문제가 아니다. 삼단논법을 구성하는 세 개의 판단은(전제되는 바와 같이) 자신의 심리적 실현과는 아무런 상관이 없는 초시간적인 타당성을 지니며, 또한 그렇기 때문에 이러한 실현이 진리가치를 갖도록 작용한다. 실제로 우리가 진리의 개념을 현실주의적으로 또는 이상주의적으로 해석하든 아니면 다른 어떤 방식으로 해석하든 상관없이, 진리는 어떠한 경우에도 우리에게 영혼적 실재와 이념적 밑그림이 일치하는 것을 의미한다. 그러므로 진리는 발견되는 것이지 발명되는 것이 아니며, 이러한 일치는 진리의 '필연성'을 구성하는 본질이 된다. 왜냐하면 이념적 밑그림으로부터 벗어나는 모든 것은 진리를 오류로 변하도록 만들기 때문이다. 만약 우리가 진정한 표상의 이—초시간적-선(先)존재적인 것으로 생각된—[6)] 상대물을 '이념'이라고 부른다면, 삼단논법을 구성하는 영혼적 과정에 대해서도 당연히 그것에 상응하는 이념이 존재하는바, 바로 이러한 이념과 일치함으로써 그 영혼적 과정은 진리가 된다. 구체적으로 말하자면 전체적인 과정에 대해, 즉 단지 개념적으로 명명된 단계들인 전제와 결론에 대해서뿐만 아니라 그 중간에 존재하는 모든 것,

---

5) 이 문장에서 "판단들"은 자명한 일이지만 삼단논법을 구성하는 세 개의 판단을 가리킨다.

6) 이 부분에는 원래 줄표가 없는데 옮긴이가 추가했다.

즉 고립된 부분들이 비로소 결론에 이르도록 허용하는 전체적인 운동, 이행 및 종합에 대해서도 거기에 상응하는 이념이 존재한다. 삼단논법을 수행하는 정신적 삶의 과정은 모든 개별적인 진리와 마찬가지로 자신을 정당화하는 상대물, 즉 자신의 이념을 가져야 하는바, 이 이념은 동일한 리듬으로, 저 개별적인 부분들 사이의 동일한 연속성에서 그리고 이 개별적인 부분들의 경직된 자존성(自存性)을 동일하게 해체하면서 운동한다.

엄격한 논리주의자는 심리학적으로 수행된 추론을 오로지 그것이 궁극적으로 이념적 추론구조를 정확히 재연하는 경우에만 인정하는데, 바로 이 엄격한 논리주의자야말로 다음과 같은 이유로 그 심리학적 추론 과정의 결과를 피할 수 없다. 심리학적 추론 과정은 어떠한 경우에든 각자 내적인 폐쇄성의 상태로 존재하는 세 명제들보다 더 많은 것을 포함하기 때문에, 이 과정이 예의 그 일치의 조건을 충족시키려면 그 자신의 이념적 상대물도 처음부터 이 세 명제들의 한계보다 더 많은 것을 포함해야 한다.[7] 요컨대 '이념'은 삶과 동일한 운동의 형식을 가져야 한다. 우리는 이념이 살아 있다고 말할 수도 있을 것이다—만약 우리가 삶을 육체적인 유기체 또는 육체적-정신적인 유기체의 경험적 현실로 이해하지 않고 완전히 보편적이고 상징적인 의미에서 받아들인다면 그렇다. 이러한 의미에서 보면 삶은 우리의 인식에 내용

---

7) 이 문장에서 "예의 그 일치"는 앞 단락에 나오는 "영혼적 실재와 이념적 밑그림이 일치하는 것"을 가리킨다.

과 진리를 부여하는 순수하게 이념적-정신적이며 따라서 순수한 타당성을 지니는 구조물로 진술될 수 있기 때문이다.

심지어 삶 그 자체가 결부된 시간의 형식이라는 유사물도 논리적으로 이념적인 구성물을 포함해야 한다. 이 유사물의 내부에서 저 세 명제의 각자는 진리를 요구하기 때문에 초시간적으로 타당하다. 앞의 두 명제가 세 번째 명제로 이행하도록 하는 관계도 동일한 논리적 차원에 존재하기 때문에 시간으로부터 자유롭다. 그러나 이러한 관계는 전제들을 포착하거나 관류하여 결론에 도달하는 운동 바로 그것이다—그러니까 연속적인 영혼의 실현 과정에 상응하는 운동인 것이다. 사실상 이 연속성은 삶의 순간들의 배열이 존재하는 관계로 형식적인 측면에서 불가피한 것이다. 그리고 이 연속성은 내용적인 측면에서도 불가피한데, 그 이유는 우선 앞의 두 전제가 일정한 영혼의 상태를 불러일으키고 나면 그다음에 바로 이 영혼의 상태가 자체적으로 앞의 두 전제의 논리적 귀결인 결론을 도출하기 때문이다.[8] 비록 이처럼 순수하게 논리적인 영역의 저 모든 구성요소들이 초시간적이며 그리하여 각자 나름대로의 타당성을 갖고 병존한다고 할지라도, 이 구성요소들의 순서는 삶 자체에서 시간의 계기(繼起)가 결정되는 것과 똑같게 결정된다. 왜냐하면 전제들이 앞서고 결론이 그 뒤를 따라야만 삼단논법이

8) 이 문장은 다음과 같이 읽으면 될 것이다. 두 전제가 주어지면 인간의 영혼은 논리적 추론이라는 특정한 운동의 상태로 넘어가며, 결론은 이 두 전제로부터 기계적으로 또는 자동적으로 도출되는 것이 아니라 영혼이 자체적인 논리적 추론 과정을 통해 도출하는 것이다.

성립되기 때문이다. 영혼의 시간적 계기는 내적으로 유의미한 계기로서 이러한 이념적인 순서에 의해 조건지어질 수 있을지라도, 그 순서는 영혼의 시간적 계기를 논리적 차원에 투사한 것이다. 우리는 여기에서 초시간적인 운동이라고밖에 달리 부를 수 없는 독특한 현상을 본다. 초시간적인 것은 삶에 의해서 창출된 그리고 삶 그 자체에 고유한 운동의 완전한 유사물이요 적합한 상징이다!

이는 그 원리상 그리고 결코 덜 명백하지 않은 방식으로 언어적 표현으로 이어지는데, 그것도 개별적인 명제에서 이미 그렇다. "삶은 고통을 의미한다"라는 판단에서—이 세 단어의 각각은 이해할 수 있는 의미, 즉 그것에 상응하는 내적인 전망을 지닌다. 물론 고립되어서는 아무런 진리가치도 지니지 못한다. 왜냐하면 단어들은 고립되면 판단구조 속에서 실종되며, 그 결과 판단구조는 단어들을 외적으로 상호결합하지도 못하고 이전에 뿌리가 뽑힌 채 이리저리 흔들거리는 단어들을 공통적인 그물망 안으로 끌어들이지도 못하기 때문이다. 그와는 달리 판단의 사유된 의미는 내적으로 완전히 통일적인 그 무엇이다. 이것은 그토록 통일적이기 때문에 종합이라고 표현하는 것은 결코 적절하지 않을 것이다. 그렇게 사유하는 사람에게서 창조적으로 발생한 관념은 단 **하나**이며 종합에 의해 비로소 성립된 것이 아니다.[9] 종합은 오히려 이러한 관념을 논리적이고 언어적으로 표현할 목적으로 그것

---

9) 이 문장에서 "그렇게 사유하는 사람"은 그 앞앞 문장에 나오는 구절 "내적으로 완전히 통일적인"을 지칭한다. 그러니까 내적으로 완전히 통일적으로 생각하는 사람이라는 뜻이 된다.

의 통일성을 분해하는 것일 뿐이며—이는 마치 유기체의 맹아가 기능적이고 공간적인 부분들로 분화하는 것과 같다—, 또한 예의 그 세 단어들도 관념의 '부분들'이 아니며, 그 가운데 어떠한 것도 비례적인 관념을 내포하지 않는다. 이 세 단어들이 그저 병렬적으로 존재하는 경우에야 비로소 불연속적인 관계로 간주되어 종합을 필요로 한다. 그러나 만약 듣는 사람이 종합을 수행한다면, 이와 더불어 또한 그에게서도 절대적으로 통일적이지만 통일성이라고 표현할 수 없는 관념의 완전히 새로운 초(超)종합적인 구성물이 형성된다.

요컨대 저 세 단어들이 단순한 연속관계에서 단절적으로 표상되는 한 명제의 의미와 전혀 관계가 없는데, 이는 병렬적으로 관찰된 붓질들이 회화작품을 구성하지 않는 것과 같은 이치이다. 이 단어들은 말하자면 명제의 내부에서는 그 외부에서와 완전히 다른 그 무엇이며 그 자신의 특별한 의미를 통해 설정되는 경계구획을 완전히 잃어버린다. 그렇다고 해서 이 특별한 의미가 단순히 사라져버리는 것은 아니다. 왜냐하면 이 특별한 의미야말로 저 내적으로 전혀 솔기가 없는 통일적인 관념을 세 부분으로 이루어진 판단의 형식에 의해 이해 가능하고 직접적으로 표현할 수 있는 가능성을 제공하기 때문이다.

아직도 완전히 해명되지 않은 이 특기할 만한 관계는 여기에서 다만 다음과 같은 사실을 통찰하도록 해주는 데 그쳐야 한다. 개별적인 명제가 어떻게든 의미를 가지려면(그 의미의 진리요구는 일단 논외로 하고), 그 명제의 진술 가능한 요소들은 그 개념적인 폐쇄성에서 벗어나 공생관계로 들어가서 오직 영혼적-생산적인 **삶**에 의해서만 창조될 수 있는 명제관념의 통일성을 표현하는 상징이 될 수 있어야 한다. 왜냐하면 결정적인 것은, 절대 부분들로 구성되지 않는 관념이 창출되는 것은 영혼의 경직되고 고립된 요소들이나 영혼의 외부에 존재하는 객체들에 의해서가 아니라 오직 생동하는 영혼에 의해서라는 사실이기 때문이다.

그러니까 삼단논법의 진리는(그 전제들이 진리라는 전제조건 아래) 삶을 초월하는 이념적인 상관개념을 갖는데, 이것은 그 초월성과 이념성에도 불구하고 삶과 정신적 과정이 일치함으로써 후자가 '진리'가 되도록 자기 자신의 내부에서 삶이 부단히 흐르도록 하고 삶의 경계들을 부정해야 한다. 그러나 이뿐이 아니다. 거기에서 더 나아가 그것으로부터 잠정적으로 아무런 진리도 요구되지 않고 단지 의미만이 요구되는 개별적인 명제만 해도, 이 의미의 개별적인 구성요소들로부터 그것들의 논리적으로 확고히 설정된 경계들을 허무는 경우에만 그 의미를 어떻게든 객관적으로 공표된 판단의 형식으로 실현할 수 있다. 그리고 단어들의 삶을 초월하는 의미들도 삶이 명령한 융해 과정을 허용해야 한다. 왜냐하면 단어들이 지니는 명제의미는 어디까지나 생산하는 삶의 외부 그 어디에도 존재하지 않는 저 절대적인 관념들의 통일성이 상징적으로 전개되는 결과일 뿐이기 때문이다.

여기에서—보다 부차적으로 말하지만—이미 앞에서 주장한 것, 즉 삶은 결코 구체적인 존재현실의 배타적인 형식에 속박되지 않는다는 사실이 입증된다. 만약 당위가 의식적인 삶, 즉 정신적 생기(生起)로서의 삶이 동시에 순수하고 비실재적인 요구로서 진행되는 것을 의미한다면, 우리는 이러한 요구의 이념적인 내용을 그 요구를 담지하는 삶으로부터 분리해 이념이라고 표현할 수 있다. 그러면 이 추상적인 이념 자체도 이미 내적으로 삶의 형식을 반복할 수 있다는 사실이, 그리고 그 이념은 이렇게 분리되어서도 죽은 것이나 불연속적인 개별적인 부분들로 경직될 필요가 없다는 사실이 드러난다. 진리가치는 다음과 같은 방식으로 인식에 부여된다. 인식은 이념과 일치하며, 따라서 이념은 초시간적으로 그리고 그 자신이 생동감 넘치게 실현되는가의 여부와 상관없이, 그렇지만 동시에 더는 이 실현의 원형으로서 기술할 수 없는 방식으로 사유하는 **삶**의 전체적인 운동, 유동적인 이행, 풍부한 뉘앙스를 보여주어야 한다—이와 마찬가지로 행위는 저 이념, 즉 당위요구의 내용과 일치함으로써 윤리적 가치를 획득하는데, 이 요구는 그 자신이 부여하는 생명력이 무가치한 것으로 분쇄되지 않게 하려면 삶의 내적인 형식과 연속성을 반복해야 한다.

제4장

개인적 삶의 과정과 법칙성

이로써 우리는 우리의 논의 과정 전체에 대해 결정적인 의미를 갖는 동기에 이르렀다. 그것은 다음과 같다. 보편적인 법칙은 오직 개인적인 삶의 맥락으로부터 분리된 개별적인 그리고 개별적인 것으로 표현할 수 있는 행위들에만 지향된다. 어느 한 개념에 예속됨으로써(이로써 보편적인 법칙에의 예속이 조건지어진다) 이루어지는 행위의 개인화는, 행위하는 주체의 전체적인 삶의 무대 또는 맥박으로써 이루어지는 그리고 오직 이 무대 안에서만—이것이 물론 나의 기본공리이다—행위의 완전하고 궁극적인 도덕적 의미가 확증되는 행위의 개인화와 모순된다. 그러니까 행위를 넘어서는 법칙이 행위에 실제로 이러한 도덕적 의미를 요구하려면, 이 법칙은 오직 당위로서 진행되는 개인의 통일적인 삶으로부터만 유래할 수 있다. 아니면 보다 정확하게 말해 법칙은 바로 이 통일적인 삶의 순간적인 형성일 뿐이다.

개별적인 행위가 그것의 개념적으로 고립된 의미로부터 요구되는 한(심지어 이 개별적인 행위가 외적인 선행이 아니라 도덕적인 지향으로 간주된다고 전제되는 경우에도), 개별적인 행위에는 그것을 수행하는 사람의 전체적인 삶과의 완전한 그리고 이념적-발생론적인 결합관계가 결여된다. 이때 개별적인 행위에 대한 책임은 그 어떠한 통일적인 토대도 찾지 못한다. 왜냐하면 그리되려면 법칙이 자신의 실현을 위해 요구되는 바로 그 궁극적인 삶의 근원으로부터 유래해야 하기 때문이다. 더욱이 의무가 그때그때의 삶의 총체성에 뿌리를 내리면 합리적 도덕주의가 성취할 수 있는 것보다 훨씬 더 근본적인 객관성이 주어진다. 합리적 도덕주의의 표상, 즉 모든 사람이 무조건적으로 자신의 의무를 안다는, 그리고 그가 의무라고 아는 것 이외에는 다른 어떤 의무도 없다고 표상하는 것—이것은 그가 의지를 통해 실현할 수 있는 당위 이외에는 다른 어떤 당위도 알지 못한다는 사실과 관계가 있다. 이러한 표상에 따르면, 모든 사람이 우리가 특정한 방식으로 **존재**해야 하고 느껴야 하는 등등의 사실, 간단히 말해 합목적으로 의지될 수 없는 그 어떠한 것이 존재해야 한다는 사실을 생각할 수 없을 것이다.

그러나 당위를 삶의 이상적인 계열로 파악한다면, 이 삶의 모든 존재와 사건은 그 자신에 대한 이상, 즉 삶의 내부에서 마땅히 그러해야 하는 방식을 갖는다는 사실이 자명하게 이해된다. 전체적인 실존은 그것의 현실이 어떻든 아무런 상관없이 이러이러해야 **한다**. 물론 실천과 성찰에서는 개별적인 부분들을 분리하는 것이 불가피한데, 바로 이러한 분리에 의해서만 우리는 현실계열의 한 개별적인 부분을 이상계열의 한 개별적인 부분과 대질시키고 전자는 후자와 같아야 한다고 말할 수 있다. **전체적인 것**은, 이미 언급한 바와 같이, 일단 한 특정한 개별성이 주어지면 이러이러해야 한다. 명백히 의무는, 비록 그것의 순수하게 의지적인 의미가 자신의 특수한 영역 내에서뿐만 아니라 전체적인 개인적 삶의 이상영역과 맺는 관계에 의해서도 결정되지만, 훨씬 더 풍부한 좌표계를 통해 확정된 훨씬 더 결정적인 객관성을 지닌다.

보다 실질적인 보편적 법칙에 따라 당위를 파악하는 입장은 말할 것도 없고 정언명령에 따라 파악하는 모든 입장을 비웃는 당위들도, 비록 단 하나의 또는 적어도 하나의 개념으로 결코 공식화할 수는 없지만 그래도 위와 같이 내적으로 통일된 방식으로 삶의 총체성을 규정함으로써 비로소 배태될 **수 있다**. 여기에서 말하는 당위들이란 거기에 적합한 개념이 전혀 없이 다만 활주하고 파동치고 부동(浮動)하는 삶의 내용 또는 상황에 관계되는 모든 당위를 가리키는데, 이러한 삶의 내용 또는 상황은 그 전체성에서 보나 그 뉘앙스에서 보나 표현될 수 없고 단지 체험될 뿐이며, 도덕적 결단을 내릴 수 있으려면 결코 보편적 법칙으로 확장되어서는 안 된다. 이처럼 보편적인 준칙으로 형성될 수 없는 모든 것은 정언명령의 세력 범위 밖에 머무르며 '아디아포라'(ἀδιάφορα)라는 아주 문제가 많은 범주나 무정부 상태에 속한다.[1)]

---

1) 이 문장의 경우에는 "모든 것은"과 "정언명령의 세력 범위" 사이에 "—도덕 엄숙주의 입장에서 보면—"을 끼워 넣으면 그 의미가 보다 명백하게 와 닿을 것이다. 만약 이 문장을 원문 그대로 읽으면 마치 그것이 짐멜의 입장인 양 오해하기 십상

나는 내가 칸트적인 도덕 엄숙주의 이면에서 종종 논리적으로 도식화할 수 없는 삶의 순간들, 아니 심지어 삶의 전체에 대한 무정부적인 무기력함을 느꼈음을 부인할 수 없다. 우리는 단순히 이와 같은 칸트의 도덕 엄숙주의가 주창하는 '이성적 존재'로서 살아가는 것이 결코 아니고, 어떠한 방식으로든 통일적인 총체성으로서 살아가는데, 이 총체성을 우리는 **추후적으로**, 즉 과학적 · 실천적 · 신학적 관점에 따라 이성 · 감성 등으로 분해한다. 그러나 이렇게 얻어진 요소들은 고립되어서는 저 전체적인 삶의 내부에서와 다른 법칙을 갖는다—이는 마치 화학 실험실에서 실험의 결과로 얻어진 유기적 부분 과정은 살아 있는 육체에서도 무조건 그대로 진행되리라고 추론할 수 없는 것과 똑같다.

이러한 '영혼의 능력들' 사이에 존재하는 통일성과 다양성의 관계가 어떻게 이해되든 상관없이—우리는 무슨 권리로 우리 존재의 수많은 다른 요소들이 스스로를 위해 그리고 스스로에 의해 당위적 이상을 구성하는 가능성을 차단하는가? 예컨대 감각적인 것은 우리의 존

이다. 그리고 그리스어에서 '아디아포라'(adiaphora)는 원래 '하찮은 것들' 또는 '대수롭지 않은 것들'을 의미하는데, 도덕적으로 무관한 것 또는 도덕적으로 중립적인 것을 표현하는데 쓰인다. 여기서도 이러한 의미로 읽으면 될 것이다. 아디아포라는 신학에서 주로 사용되는 개념으로, 성서가 권하지도 금하지도 않는, 따라서 그 자체로 옳지도 그르지도 않은 것을 일컫는다. 다시 말해 기독교의 본질적인 핵심인 복음과 신앙에 속하지 않는 비본질적인 것이 바로 아디아포라이다. 물론 무엇이 아디아포라에 속하는가에 대해서는 시대나 지역, 그리고 개인에 따라서 해석이 다를 수 있다.

재에서 사실상 그 순수한 사실성에만 머물러야 하는가, 그 외에도 감각적인 것이 순수하게 감각적인 것으로서 진행되어야 **하는** 방식, 즉 그것이 가까워지고 멀어질 수 있는 내재적인 이상이 존재하지 않는가? 그리고 환상, 윤리적으로 무관한 삶의 요소들의 형성 그리고 사실상 오직 신앙으로만 간주되는 종교적 신앙에서도 사정은 똑같지 않은가? 개인의 현실이 발현하는 근원점과 동일한 근원점으로부터 전개되는 개인의 법칙—어쩌면 개인의 현실과 개인의 법칙은 완전히 다를 것이다—이 비로소 삶의 분석적으로 또는 종합적으로 얻을 수 있는 모든 부분을 포착한다. 왜냐하면 개인의 법칙은 당위로서 나타나는 이 삶 자체의 총체성 또는 중심성 바로 그것이기 때문이다. 그러므로 여기에서 의미하는 원리는 예컨대 한 사람에게 죄악이나 미덕인 어떤 것은 다른 사람에게는 아직 죄악이나 미덕이 아니라고 공식화할 수 없다. 이것은 피상성 또는 추론에 지나지 않는다. 왜냐하면 이 '어떤 것'은 단지 추후적으로 죄악이라고 평가된다는 이유만이 아니라 이미 그 존재만으로도 처음부터 한 경우에 다른 경우에서와 다른 그 무엇이 되기 때문이다. 내적이고 윤리적인 것이 아니라 다만 외적인 효과만이 '동일한 것'이다. "만약 두 사람이 동일한 것을 한다면"(Si duo faciunt idem)[2)]은 이미 그 자체가 틀린 전제조건이기 때문에 귀결문을 전혀

---

2) 이 표현은 "만약 두 사람이 동일한 것을 한다면, 그것은 동일하지 않다"(Si duo faciunt idem, non est idem)라는 라틴어 속담의 전제 부분이다. 이 전제 부분 자체가 모순인 관계로 귀결 부분인 '그것은 동일하지 않다'는 필요하지 않다는 것이 짐멜이 의미하는 바이다.

필요로 하지 않는다.

칸트에게서는 법칙이 그것이 적용되는 개인에 대해 무관심한데, 이는 그가 법칙개념 일반의 원형을 자연과학과 법으로부터 얻는다는 사실에서 기인한다. 이 둘에서는 '법칙'이 절대적으로 타당하기 때문에 그것의 개별적인 형태는 어떠한 방식으로든 보편적인 것으로부터 분리된 규정의 근원으로 나타날 수 없다. 자연과학에서는 법칙이 개별적인 사건들의 실제적인(어디에서 그리고 얼마나 자주 실현되든가와 무관하게) 과정을 공식화한 것일 뿐이기 때문에 그렇다. 그리고 시민법에서는 법률이 그 자체로부터 그리고 사회적 질서를 위해 개별적인 행위가 어떻게 진행되어야 하는가를 명령하기 때문에 그렇다. 정언명령은 한편으로는 기계론적 자연법칙의 논리적 구조를(이는 칸트 스스로가 암시한 바이다), 그리고 다른 한편으로는 법규의 논리적 구조를 지닌다. 그러므로 정언명령에는 모든 선험적-보편적인 도덕법칙을 위협하는 순환이 존재하지 않는 것처럼 보인다. 선험적-보편적인 도덕법칙에 따르면 특정한 법칙은 그것이 보편적으로 타당하거나 타당할 수 있기 때문에 나에게 행위의 의무를 지운다—그렇다면 나는 그 법칙이 나에게도 타당하고 나에게도 적합하다는 것을 알기 전에 어떻게 그 법칙의 보편적인 타당성을 주장할 수 있을까? 다음은 확실히 보편적인 대전제에 힘입어 추론하는 삼단논법의 잘 알려진 난제이다. 어떻게 나는 모든 인간이 죽는다는 사실과 카이사르는 인간이라는 사실로부터 카이사르도 죽을 것이라고 추론할 수 있을까? 사실 모든 인간이 죽는다는 이 대전제는 내가 카이사르도 죽을 것이라고 처음부터 확신해야만 타당한 것이 아닐까?

자연에서는 법칙이 개별적인 사실에 내재한다. 여기서는 적합함이나 부적합함의 문제가 제기되도록 할 수 있는 법칙과 개별적인 사실 사이의 대립이 존재하지 않는다. 그리고 시민법 그 자체는 개인에게 외부로부터 명령하며, 주체의 총체성에 대해서는 근본적으로 무관심한 채 다만 객관적으로 부분적인 요구만을 한다. 그러한 요구가 이 주체에게 적합한가 하는 문제는 절대로 제기되지 않으며, 따라서 무한히 부적합할 수 있음은 말할 나위가 없다. 그러나 이미 여기에서 법칙의 저 두 수원(水源)으로부터 연유하는 '보편적 법칙'의 불충분성이 드러나 보인다.[3] 왜냐하면 윤리적 법칙은 자연법칙과 달리 개별적인 경우에 대한 원칙적인 적합성도 지니지 않고, 인간으로부터 나오는 명령과 달리 절대적인 대립도 지니지 않기 때문이다. 오히려 윤리적 법칙에서는 대립이 동시에 가장 내적인 결합을 의미하기 때문에 적합함의 문제가 발생할 수밖에 없다. 윤리적 법칙은 적합하지 않으면, 타당하지도 않다—결과적으로 윤리적 법칙의 '보편성'에는 방금 위에서 언급한 순환이 내재한다.[4]

그러나 내가 여기에서 요구한 정도의 폭으로 개인성을 이해하고 그

---

3) 이 문장은 그 앞 단락에 언급된 칸트, 즉 법칙개념 일반의 원형을 자연과학과 법으로부터 얻는 칸트를 겨냥한 것이다.

4) 이 문장에서 "방금 위에서 언급한 순환"은 바로 앞 단락의 여섯 번째 문장 "그러므로 정언명령에는 모든 선험적-보편적인 도덕법칙을 위협하는 순환이 존재하지 않는 것처럼 보인다"를 가리킨다.

의미를 파악하기만 한다면 우리는 개별적인 행위에 법칙을 규정하는 '보편성'의 개념을 유지할 수 있다. 다시 말해 법칙은 모든 사람의 보편성이 아니라 이런 또는 저런 특정한 개인의 보편성이라는 사실만 고려하면 된다. 개인의 보편성은 그의 개별적인 특성들과 행위들로부터 추상된 것이 아니다. 사실상 그와 같은 개별적인 특성들과 행위들이—개별성의 정확한 의미에서—[5] 존재한다고 보는 것만 해도 이미 인위적인 추상화인데, 이 추상화는 실재적이고 연속적인 삶의 내부에서 수행되는 행위의 내적 형식에 해당하는 것이 아니라 단지 이 행위의 외적인 결과나 외적인 자극을 달리 표현하여 가시적으로 만든 것일 뿐이다. 내적으로 보면 '개별적인' 행위는 절대적인 연속성으로부터 추후적이고 주관적으로 분리해 낸, 따라서 단지 상대적으로만 정당한 것이다. 다만 실천을 위해서, 다른 사람들을 위해서, 외적인 것을 위해서 어느 행위의 단독성이 존재할 뿐, 윤리가 바로 그리로 되돌아가고자 하는 저 가장 심층적인 삶과 본질의 근저에서 그 행위가 솟아오르는 것을 위해 존재하지 않는다. 이것이야말로 인간에 대한 순수하게 윤리적인 판결이 어려운 진정한 이유이다. 여기에서 문제가 되는 것은—판결하는 주체의 이론적 불완전성에서 기인하는—인식의 어려움이 아니라, 판단의 개별적인 대상을 분리하는 것을 본래부터 금하는 객체 그 자체의 구조이다.

요컨대 개인의 보편성은 그의 행위들을 넘어서는 추상화로서가 아

---

5) 이 부분은 원래 쉼표로 처리되어 있는 것을 옮긴이가 줄표로 바꾼 것이다.

니라 행위들의 근원으로서 그 기저에 존재하는 것이다. 개인의 모든 '부분'은 그의 전체적인 삶이 삼투되면 보편적인 것이 된다. 그러므로 삶의 차원에서는 개인의 그 어떤 부분도 자체적으로 폐쇄적인 의미를 지닐 수 없다. 오히려 삶의 차원을 통해 부분들의 통일성은 더욱더 절대적인 것이 된다. 개인을 전체로서 파악할 수 없는 사람은 개인의 그 어떠한 것도 절대적으로 파악할 능력이 없다. 개인은 지적 직관의 방식이 통일적인 기능을 통해 전체를 포착하는 것을 의미하는 한에서만 이러한 방식에 의해 표상될 수 있다. 물론 그렇다고 해서 우리가 개인에게서도 한 요소 다음에 다른 요소를 파악하지 않는다는 말은 아니다. 그러나 어찌 되었든 오직 개인을 전체적으로 파악하는 경우에만 요소들이 서로 결합해 병렬관계나 단순한 연결 상태가 아니라 전적으로 새로운 구성물인 총체성을 이루는 순간이 나타난다.

이제 다음과 같이 돌연 질서가 뒤바뀐다. 통일성이 종합된 부분들로부터 나오는 것이 아니라 부분들이 통일성으로부터 나온다. 어떤 사람이 거짓말을 하거나 자신의 신념을 위해 스스로를 희생한다, 그는 냉혹하거나 선행을 베푼다, 그는 방탕하게 행동하거나 금욕적으로 행동한다—이 모든 것은 그때그때의 현실로서 완전히 삶의 연속성과 얽힌다. 아니 '얽힘'이라는 표현은 여전히 부적합하다. 왜냐하면 이 표현은 위의 행위들이 개념에 의해 확고히 한정되고 어떠한 방식으로든 독립적으로 존재하거나 생성된다고 전제하는 것처럼 보이며, 또한 이 행위들은 마치 이 고유한 특성과 더불어 비로소 말하자면 추후적으로 또는 스스로 삶의 과정에 나타나는 것처럼 보이기 때문이다.

그러나 실제로는 위의 행위들이 역으로 외삽(外挿)된 개념을 통해 비로소 삶의 과정으로부터 분리된 부분들이며, 임의로 설정된 두 시점 사이를 진행하는 다른 모든 부분들과 똑같이 삶의 과정의 연속성에 속한다. 설령 우리 행위의 외형들이 서로 상대적으로 명확히 설정된 경계를 보여줄 수 있을지라도, 내적으로 보면 삶은 거짓말로, 그다음은 용기 있는 결단으로, 그다음은 방탕으로, 그다음은 선행 등으로 구성되지 않는다. 삶은 오히려 연속적인 활주로서, 거기서는 모든 순간이 지속적으로 형성되고 재형성되는 전체를 나타낸다. 또한 그 어떠한 부분도 다른 부분에 대해 명확한 경계를 지니지 않으며 각각의 부분은 오직 저 전체의 내부에서만 그리고 전체의 관점에서 보아야만 그 의미가 드러난다. 행위가 이 순간에 일어난다는 것은 삶이 그 연속적인 과정에서 현시점에 바로 이 형식을 취했다는 사실을 의미한다. 이 형식은 말하자면 삶이 거짓말이기 때문에 또는 선행이기 때문에 결정되지 않는다. 그것은 오히려 이 삶의 과정의 현재적인 실재이다. 이는 마치 지속적으로 윤곽이 변하는 해파리의 형태가 때로는 원형의 이념에 의해, 때로는 타원형의 이념에 의해, 때로는 근접하는 사각형의 이념에 의해 결정되는 것이 아니라 오직 동물의 내적인 삶의 과정에 의해서만 (외적인 조건들과 더불어) 결정되는 것과 같다—비록 원형이나 타원형이 그 내부에 객관적 형식으로서 법칙 또는 필연성을 가짐에도 불구하고 그렇다. 다만 이 법칙 또는 필연성은 그 스스로를 이 본질의 형식으로서 촉진하는 생명력 넘치는 과정과는 전혀 상관이 없다.

설사 거짓말이나 선행에 대한 보편적인 규범이 존재한다고 할지라도, 그것은 연속적이고 하나의 계열로 진행되는 삶의 과정에서 곧바로 작용점을 발견할 수 없다. 이를 위해서는 이 삶의 과정의 내용들이 그 과정 자체에 이질적인 방식으로 그 과정으로부터 분리되어 일단 삶의 과정이 아닌 곳에 이미 존재하는, 그러니까 외부로부터—그것도 이념적인 외부로부터—[6] 주어진 개념에 예속되어야 한다. 그러므로 당위가 거짓말이나 선행 등과 같은 개념과 결합해도, 당위는 행위를 결코 그것의 내적인 근원으로부터 파악할 수 없고, 다만 이 근원으로부터 끊임없이 흐르는 삶이 불연속성의 형식으로 전환되고 난 후에야 비로소 파악할 수 있다. 또는 본래 삶 그 자체가 아니라 다만 한 개념체계에 의해 표현되고 고립될 수 있는 삶의 내용들만을 파악할 수 있다. 거짓말이나 선행은 그 주체들이 그때그때 생동적으로 행하는 행위로서 모든 현실적인 것과 마찬가지로 유일무이한 것이며 이 유일무이성의 방향에서 보면 보편적인 법칙이 말하는 보편적인 거짓말이나 보편적인 선행의 표현이 결코 아니다. 거짓말이나 선행은 오히려 그 유기적인 연관관계를 벗어나 개념적인 연관관계에 편입되고 난 후에야 비로소 보편적인 법칙에 예속되는데, 이 경우 보편적인 법칙은 거짓말이나 선행을 단지 생명력 넘치는 역동성에서 벗어나 단독화된 특징들로서만, 즉 이미 이념적으로 확립된 특징들의 합으로서만 사용할 수 있을 뿐이다.

칸트적 명령[7]도 원칙적으로 이와 똑같다. 왜냐하면 그것은 모든 가

6) 이 부분은 원래 쉼표로 처리되어 있는 것을 옮긴이가 줄표로 바꾼 것이다.

능한 개별적인 보편적 법칙들로부터 가장 보편적이고 형식적으로 추상화된 것만을 진술하기 때문이다. 행위의 규정으로서 칸트적 명령은 즉시 내용적인, 따라서 특수한 규범으로 전환되어야 하는바, 이러한 규범은 그 명령의 순수한 결과에 따라 그때그때 경험적으로 타당한, 그리하여 다음의 경우에는 어쩌면 취소될 수도 있는 규범밖에 될 수 없다. 정언명령이 실천적인 것이 되고자 한다면 바로 이 상대적인 보편성들의 가능한 합으로 분해되는 것이 유일한 대안이다. 물론 정언명령의 공식은 우리의 행위가 **실제로** 삶에서 행해지는 대로 파악되는 경우에도 행위의 도덕성을 정언명령의 '가능한 보편화'에 의해 결정할 수 있을 정도로 충분히 광범위한 것처럼 보인다. 그러나 삶 전체와 간단없이 섞여 짜이는 것은 어디까지나 삶의 연속적인 흐름에서 바로 지금 관찰된 물결일 뿐이다. 그러므로 사실상 이런 식으로 파악된 행위는 결코 보편화될 수 없다. 왜냐하면 그렇게 한다는 것은 행위하는 개인의 전체적인 삶을 보편적인 법칙으로 생각하는 것 이외에 아무것도 아닐 것이기 때문이다. 이 경우에는 다음과 같은 질문이 제기될 것이다. 너는 모든 인간이 처음 순간부터 마지막 순간까지 너와 마찬가지로 행동하기를 원할 수 있는가?—왜냐하면 끊임없이 반복해 강조되

7) 이는 구체적으로 정언명령(定言命令)을 가리킨다. 잘 알려져 있다시피, 정언명령은 행위의 목적이나 결과와는 상관없이 그 자체가 선이기 때문에 모든 사람이 그리고 어떠한 상황에서도 지켜야 하는 도덕명령이다. 그러므로 정언명령은 절대적이고 무조건적이다. 이에 반해 '가언명령'(假言命令)은 특정한 상황에 따라 요구되는 도덕명령이다. 그러므로 가언명령은 상대적이고 조건적이다.

어야 하는 바와 같이, 개별적인 행위는 오직 총체적인 삶의 맥락에서만 진정으로 신뢰할 만한 내적인 의미를 보여주기 때문이다.

그러나 이러한 결론은 생각할 수 없다거나 모순된다는 점과는 별도로, 정언명령이 어느 행위의 바람직함을 결정하는 최고의 규준들에 입각해 보아도 이 특정한 종류의 **단 한** 인간이 존재한다는 사실은 의심의 여지없이 상황에 따라서 가치가 있을 수 있다. 그러나 심지어 그와 같은 사람이 몇몇 존재한다는 사실만 해도 가치가 있을 수 없다. 왜 이 후자의 상황으로부터 그 단 한 사람을 도덕적으로 비난할 수 있는지 결코 간파할 수 없다. 그러므로 개별적인 행위를 규정하는 관계들이 자의적으로 그 행위로부터 분리되지 않기 위해 정언명령이 궁극적으로 도달하는 결론은 다음과 같은 질문으로 표현할 수 있을 것이다. 너는 네가 어떠한 방식으로든 존재하기를 바랄 수 있는가? 아니면 너는 네가 존재하는 세계가(이 세계는 존속하는바 그대로 너의 삶 전체의 그리고 이로 인해 너의 개별적인 행위의 소홀히 할 수 없는 조건이기 때문에) 끝없이 되풀이해서 존재하기를 바랄 수 있는가? 그리하여 칸트의 공식은 일관되게 전개되어 그 완전한 의미에 도달하면 영원회귀[8]에 이르

8) 영원회귀(Ewige Wiederkehr)는 원래 니체 철학에서 온 것이다. "니체의 영원회귀 이론은 단순히 동일한 것이 지속적으로 반복된다는 뜻이 아니다. 이러한 해석이야말로 가장 반(反)니체적인 니체 해석이 아닐 수 없다. 이것의 원래의 용어는 '동일한 것의 영원회귀'인데, 이 개념은 사실 인격적-주권적 주체로서의 개인이 지속적으로 반복되는 자신의 다양한 삶과 행위의 동일한 중심이자 근거가 됨을 의미한다. 이러한 주체의 동일성과 삶이나 행위의 반복성은 개인의 삶과 행위가 단지 일회적이고 자의적이거나 주관적인 차원과 수준을 넘어 지속성과 객관성을

게 될 것이며, 그와 더불어 명백히 보편화의 문제는 더 이상 스스로가 요구하는 논리적이기만 한 답변을 발견할 수 없을 것이고 의지적인 또는 정서적인 결단으로부터 나오는 답변을 필요로 할 것이다.

이 모든 것을 피하려면, 다시 말해 정당화의 문제에 답변하기 위해 개별적인 행위를 보편화된 것으로 생각하려면, 이 개별적인 행위를 삶의 전체적인 맥락으로부터 고립시켜 외적으로 제한된 것 안에 위치시키는 수밖에 없다. 그러나 개별적인 행위의 완전한 실재를 보편화하는 것이 우리 실존의 내부에서는 그 스스로 폐지되거나, 적어도 칸트의 공식에 입각한 객관적-논리적 결정의 요구를 폐지한다. 보편화야말로 개별적인 행위의 인위적인 개인화를 전제로 한다. 칸트의 공식은 고작해야 경우에 따라서 결정할 뿐이지 결코 **전체**를 결정할 수 없다. 왜냐하면 이 전체—유기체의 현실이 개별적인 부분들로부터 종합될 수 없듯이 전체는 살아 있는 것으로서 개별적인 경우들로부터 종합될

획득할 수 있도록 해준다. 영원회귀 이론은 무한성의 욕구와 유한성의 욕구의 종합을 추구한다. 그리하여 개인의 삶과 행위가 우연성을 극복하고 예외 없는 규범, 다시 말해 보편법칙으로 승화될 수 있는 가능성을 제시해 준다. 각자 인간은 영원회귀 의식을 갖고 끊임없이 자아 고양을 위해, 그리고 바로 이를 통해서 인류의 발전에 기여할 수 있도록 노력하는 도덕적 정언명령에 따라야 한다. 결론적으로 말해, 칸트 철학이 다수 개인에 의한 사회적 병존 관계에 지향되어 있다면, 니체 철학은 동일한 개인에서의 연속성을 문제시한다. 바로 이러한 인간 유형을 니체는 초인이라고 명명한 것이다. 이와 같이 니체에게서는 영원회귀 이론과 초인 이론이 매우 밀접한 관계에 있다." 김덕영, 『게오르그 짐멜의 모더니티 풍경 11가지』, 도서출판 길, 2007, 251~52쪽. 원문에는 '영겁회귀'로 되어 있는 것을 '영원회귀'로 바꾸었음을 일러둔다.

수 없다—를 '보편적인 것'으로 생각하면 예의 그 모든 모순이 발생한다.[9] 개별적인 행위의 인위적인 개인화는 이미 강조했듯이 인격적 개인성과 양립할 수 없다. 인격적 개인성이란 달리 말해 개별적인 행위들의 모든 다양성을 관통해 생명력을 갖는, 또는 보다 정확히 표현하자면 이 다양성**으로서** 생명력이 있는 통일성과 전체성을 의미한다. 그때그때의 당위는 개인적 인격의 총체적인 삶의 기능이다. 아마도 이것이 모든 인간은 그를 경우에 따라서 이끄는, 말하자면 그의 삶의 '이념'을 나타내는 그의 특별한 천사 또는 수호신이 있다는 형이상학적 표상의 보다 심층적인 의미일 것이다.

이와 더불어 내가 보다 부수적인 결론으로서 진술하는 것, 즉 어떠한 의미에서 행위의 '결과'가 가치로 간주될 수 있는가 하는 문제도 명백해진다. 행위의 결과는 대개 객관적 의미에서 이해된다. 구체적으로 말해, 마치 상황, 임무 및 성취된 발전이 행위 결과의 논리적 내용으로부터 필연적이며 따라서 도덕적으로 주체에게 요구할 수 있는 행위방식이 추론되도록 하는 것처럼 이해된다. 그러나 이것이 언제나 바로 이 개인에 대한 결과인지 아닌지는 수많은 경우에 아주 의심스럽다. 바로 **그의** 시종일관된 본성이 그를 아마도(다른 사람들과 동일한 논리에 따라 또는 개인의 독특한 논리에 따라) 전혀 다른 행위로 이끌 것이다. 이때 예의 그 객관적인 계열들이 바로 이런 특성의 요소들이 되고 자신들의 결과를 그 개인의 결과로 만들 수도 있다는 사실은 아무런 상

9) 이 문장에서 "예의 그 모든 모순"은 그 앞 단락의 맨 처음 문장과 관계된다.

관이 없다.[10] '결과'에 대한 저 통속적 개념에서는 순수한 개념의 내용에서 발전되는 논리가 그 논리에 결부되지 않은 영역에 잘못 적용되는데, 표상심리학의 전제조건도 바로 이러한 논리에 의해 구성된다. 왜냐하면 표상심리학도 표상의 연합 등에서 궁극적으로 요소들의 관계에 대한 다소간 은폐된 **논리**에 의해서 주도되기 때문이다. 우리는 이제야 논리학이 심리학의 간섭을 받아 변조되는 위험으로부터 해방되었다. 그러나 역으로 심리학과 윤리학의 커다란 부분이 논리학에 의해 찬탈되는 위험에 대해서는 아직도 충분히 주의를 기울이지 않았다.

마치 이념적인 정파의 대립에서처럼, 지금까지 우리가 개별적인 통일성으로, 즉 그 각각을 어떠한 방식으로든 제한되고 그것의 내용에 따라 표현할 수 있는 통일성으로 간주하는 삶의 행위들은 삶의 전체적인 흐름과 대립하는 것처럼 보였다. 이 경우 모든 것을 포괄하는 삶의 통일성은 그 어떠한 특별한 단위들, 즉 고유한 경계를 지닌 개별적인 것들에게 여지나 권한을 부여하기를 원치 않는다. 개념적인 내용에 따라서, 비록 삶 외적인 개념이 아니지만 개인 외적인 개념에 따라서 강조되며, 한 행위가 다른 행위에 연결되면서 삶의 계열을 구성하는 개별적인 행위—그리고 내부로부터 솟아나며 유동적인 실체와 같이 모든 개별적인 현상에서 자신의 끊임없이 변하는 형식들을 얻는 개인적인 삶—이것들은 확실히 삶에 대한 아주 근본적으로 상이한 두 가지

---

10) 이 문장에서 "예의 그 객관적인 계열들"은 그 앞 세 번째 문장에 나오는 "상황, 임무 및 성취된 발전"을 가리킨다.

파악 방식이다.

그러나 우리는 개별적인 것의 의미와 전체적인 것의 의미 사이의 이러한 모순 또는 이질성에 만족할 수 없다. 이 둘을 기능적 관계와 내적 필연성에 의해서 통일하는 관념을 찾아야 한다. 이러한 관념은 하나의 기본 동기로부터 전개되는바, 이 기본 동기는 윤리학의 내부에서 깊이의 차원에서도 넓이의 차원에서도 완전한 정당함을 획득하지 못한 듯 보이며 일단 이성도덕과 대립된다는 특징을 보인다. 사실상 이성도덕은(엄밀하게 말하자면 통속윤리의 입장만을 받아들이면서) 윤리적으로 관련된 행위들을 감성으로부터 자유로운 순수자아로부터 또는 감성적 자아로부터 도출한다. 이에 반해 나는 아주 단호히 그리고 일단은 전적으로 잠언적인 표현 방식을 빌려 모든 인간적인 행위에는 **총체적** 인간이 창조적 활동을 하고 있는 것이라고 주장하는 바이다.[11] 이성도덕은 외적인 행위의 가치 지점에도 '신념'을 설정할 수 있는데, 이는 말하자면 행위와 절대적인 자아 지점 사이를 연결하는 가장 짧은 선이 된다—그러나 여기서는 이 선에 동반될 수 없는 경험적인 인격의 풍부함 전체가 행위와의 모든 관계로부터, 그러니까 실제적인 관계와 윤리적인 관계로부터 배제된다. 왜냐하면 여기서는 인간이 바로 이 행위

11) 여기에서 말하는 "총체적 인간"은 짐멜의 저술에 자주 등장하는 개념으로, 육체적인 것과 정서적인 것, 그리고 정신적인 것을 모두 갖춘 인간을 가리킨다. 총체적 인간은 노동하고, 운동하고, 사랑하고, 휴식을 취하고, 느끼고, 생각하고, 표상하고, 의지하고, 환상을 느끼며 또한 체험하는 존재이다. 이 책 102쪽에는 "생각하고 느끼며 욕구하는 것은 총체적 인간"이라는 구절이 나온다.

를 수행한 경우에만 평가를 받는 반면, 행위는 바로 이 인간에 의해 수행된 경우에만 평가를 받지 않기 때문이다. 요컨대 개별적인 행위는 그와 같이 오직 총체적 인간이 배제됨으로써만 고립적으로 규제된다(다시 말해 개별적인 행위의 내용이 보편적인 법칙에 예속된다). 그리고 역으로 행위의 이러한 분리와 개별화는 그것의 상관 개념인 순수하고 절대적이며 초월적(超越的) 또는 초험적(超驗的) 자아의 구성으로 귀결된다.[12)]

그러나 사실 이것은 단지 영혼에 대한 논리화되고 기계화된 표상에만 적용되며, 따라서 모든 개별적인 행위가 현존재의 총체성을 표현하는 새롭고 풍부한 가능성으로 간주되는 경우에는 완전히 폐기된다. 그리되면 이성도덕에서는 파악하기 힘든 절대적이고 본래 생명력 없는 자아와 변화하는 각각의 행위 사이의 관계는 곧바로 유기적으로 통일적인 관계가 된다. 왜냐하면 이제 각각의 행위는 현존재의 총체성을 배제하는 것이 아니라 포함하는 것이기 때문이다. 비록 우리의 지식이

---

12) 이 문장에 나오는 "초월적"이라는 단어와 "초험적"이라는 단어는 독일어로 각각 'transzendental'(트란스첸덴탈)과 'transzendent'(트란스첸덴트)이다. 사실 이 두 단어를 이처럼 동시에, 그것도 바로 붙여서 사용하는 경우는 매우 이례적이다. 이 두 단어가 지닌 의미의 차이가 그렇게 명확하게 드러나지 않기 때문이다. 그러나 칸트 철학은 이 두 단어를 분명하게 구별하며, 그 이후의 철학도 대체로 그리 한다. 칸트에 따르면 '초험적'이 단지 경험의 한계를 벗어나 있는 것을 뜻하는 반면, '초월적'은 모든 경험에 선행하면서(선험적이면서) 경험을 가능토록 한다는 뜻이다. 백종현, 「부록」. 임마누엘 칸트, 『실천이성비판』, 백종현 옮김, 아카넷, 2002, 507~90쪽, 여기서는 526쪽 이하(원제는 Immanuel Kant, *Kritik der praktischen Vernunft*).

이를 일일이 증명할 만큼 충분치 못하지만, 거기에는 모든 실존적 특수성은 그것이 유래하는 개인적 현존재의 전체를 그 독특한 언어로 남김없이 표현한다는 형이상학적 기본 감정이 깔려 있다. 그러므로 모든 삶의 순간, 모든 자아 행태와 행위는 전체적인 삶이다. 그리고 전체적인 삶은 이념적으로 분리되어 개별적인 행위와 대립되는 대자적(對自的) 총체성이 아니다. 오히려 설령 삶의 순간들에서 나타나는 내용들이 아주 다양하고 서로 대립된다고 할지라도, 삶은 그 모든 순간에 바로 이 전체적인 삶이라는 사실은 그 어떠한 기계론적 비유로도 남김없이 표현할 수 없는 독특한 삶의 형식이다. 삶의 어느 부분이 아니라 전체가 그때그때의 행위로 고양된다.

행위가 일어나는 모든 순간에 개인적인 삶은 그 과거의 모든 결과와 그 미래의 모든 활력을 내포한다. 이 영혼의 순간은 다음과 같은 이유로 진정한 전체적 삶이다.[13] 이러한 순간의 외부에는 아무런 삶도 존재하지 않으며(도대체 어디에 삶이 존재하겠는가?), 삶은 연속적이며 그때그때 어느 한—예상할 수 없을 정도로 가변적인—파고로 고양되는 형태 이외에는 그 어떠한 형태도 띠지 않는다. 물론 삶이 내용적으로 특정한 체험들의 합으로 이해된다면 개별적인 순간은 전체적인 삶이 될 수 없다. 그러나 과정으로서의 삶—즉 모든 내용을 담지하고 창출하며 이 내용들에 의해 더 이상 설명할 수 없는 방식으로 상징되는

13) 이 문장에서 "이 영혼의 순간"은 바로 앞 문장에 나오는 "행위가 일어나는 모든 순간"을 가리킨다.

과정으로서의 삶—은 절대로 합이 아니라 그 모든 순간에 철두철미하게 현실적이다. 이 순간들은 강도, 의도 및 가치에서 극단적으로 다양하다. 그러나 이러한 다양성이야말로 삶의 직접적인 본질이다. 삶은 다음과 같이 다양**하다**. 때로는 약하고 때로는 강하며, 때로는 내적으로 평형을 이루고 때로는 극단적으로 흥분되며, 때로는 심도 있고 때로는 공허하다[14)]—이 순간들 가운데 그 어느 것도 '반응'의 생동감 넘치는 법칙성을 통하지 않고 스스로 다른 순간에 주의를 돌려 그것과 결합해 전체적인 삶을 구성하지 않는다. 이것은 완전히 다르게 지향된 개념체계에 의해서만 일어날 수 있을 것이다. 나는 **진실로 그리고 완전하게** 한순간에 강하고 다른 순간에 약하다. 나의 존재는 다른 경우에 다른 특성을 갖든 안 갖든 전혀 상관없이 바로 지금 이러한 특성을

---

14) 이 부분에 대해서는 약간의 언어적 설명이 필요하다. "삶은 다음과 같이 다양**하다**. 때로는 약하고 때로는 강하며, 때로는 내적으로 평형을 이루고 때로는 극단적으로 흥분되며, 때로는 심도 있고 때로는 공허하다."—이 구절은 독일어 원문에는 다음과 같이 한 문장으로 되어 있다. "삶은 때로는 약하고 때로는 강하며, 때로는 내적으로 평형을 이루고 때로는 극단적으로 흥분되며, 때로는 심도 있고 때로는 공허하다." 그럼에도 불구하고 부득이, 그리고 어찌 보면 군더더기 같은 문장을 하나 더 추가해 두 문장으로 표현한 이유는 한국어와 독일어의 차이에서 기인한다. 독일어 원문은 다음과 같다. "[…] es *ist* bald schwach, bald stark, jetzt innerlich ausbalanciert, jetzt in zugespitzter Erregtheit, bald intensiv, bald leer—." 짐멜이 열거한 다양한 형용사를 지배하는 'Sein' 동사(ist)가 강조되고 있다. 이처럼 독일어에서는 형용사가 열거되는 경우 그것을 지배하는 동사 하나만 강조하면 되지만, 한국어에서는 형용사의 어미 부분을 일일이 강조해야 한다. 그리되면 저자의 의도가 희석될 가능성이 커진다. 또한 강조란 가급적 적은 단어나 작은 부분에 한정되어야 그 의도된 효과를 거둘 수 있다. 바로 이런 연유로 본문에 없는 문장을 첨가한 것이다.

갖는다. 물론 여기에서 언급한 보기들은 너무나도 단순한 것이다. 오히려 순간의 전체적인 상태는 비록 생동적인 삶의 의미에서는 통일적이지만 그 내용적인 개념성의 관점에서 보면 무한히 복잡하고 그저 지극히 불완전하게만 분석할 수 있다.

삶의 내용들의 또는 심지어 강도(強度)들의 그 어떠한 가치평가나 관계가 어느 한순간에 실제로 전체적이고 '완전한' 삶이 존재하는지 여부를 결정한다는 생각은 완전히 배제되어야 한다. 왜냐하면 '완전한' 삶의 개념은 여기에서 가치의 의미나 주관적인 감정의 의미, 즉 객관적이고 생명적인 삶의 과정과 전혀 다른 의미를 가질 것이기 때문이다. 설령 우리가 삶을 측정 가능성의 의미에서 파악하며, 그리하여 개인적인 현존재의 과정이 보다 많은 삶을 또는 보다 적은 삶을 보여준다 할지라도, 이 상이한 상태들 모두에 진실하고 전체적인 삶이 들어 있다. 진실하고 전체적인 삶은 그야말로 변화무쌍한 삶**이다**. 다시 말해 보다 충만한 삶이 되다가 보다 공허한 삶이 된다. 그리고 단지 개념 또는 갈망의 관점에서 보는 경우에만 이념적으로 빈곤한 후자가 완전해지기 위해 이념적인 잉여를 찾아나선다. 그러나 진실로 생명력 넘치고 형이상학적인 의미에서 보면 **단 하나의** 삶만이 존재하는바, 이 삶에서는 때로는 충만이 때로는 빈곤이 진실하고 전체적인 것이다.

그러므로 다음과 같이 하는 것 또한 옳지 않다. 만일 내가 내 삶의 어느 한때에는 선한 것을 원하고 실행하며 다른 한때에는 악한 것을 원하고 실행하면, 이것 또는 저것이 나의 진실한 본성이요, 다른 것은 일시적인, 말하자면 우연적으로 빗나간 것이라고 말하는 것 또한 옳지 않다. 과연 누가 어디에 나의 진실한 본성이 있는가를 확실히 인식할 수 있단 말인가? 어쩌면 그것은 나의 전체적인 실존을 통틀어 단 한순간에만 나타날 것이다. 이런 식으로 분리하는 것은 모두 대단히 문제가 많다. 인간은 때로는 이렇고 때로는 그와 다르며, 또한 우리로 하여금 어느 한 일정한 특성이 단순히 빈번히 등장하는 사실로부터 하나의 특성은 다른 특성과 성격학적으로 또는 형이상학적으로 원리상 다른 지층에 존재한다고 추론하도록 부추기는 것은 오직 우리의 고유한 가치에 대한 낙관론이나 비관론일 뿐이다.

다음의 사실들, 즉 삶이 실제로 완전히 좋을 수 있거나 또는 실제로 완전히 나쁠 수 있는 가능성이 존재한다는 사실, 그리고 우리는 내적으로 다양한 윤리적-형이상학적이고 심층적인 본질의 지층들로 분할되지 않기 때문에 하나의 행위는 어쩔 수 없이 근본적인 지층에, 다른 행위는 어쩔 수 없이 피상적인 지층에 속하게 되는 일은 없다는 사실—이러한 사실들은 인간적인 자유이다. 그런데 초월적인 '성격'이, 성격은 형이상학적으로 선택된다는 학설을 통해 단지 환상적으로나 은폐되는 숙명으로 이 인간적인 자유를 대체한다. 그것은 그렇다 치고—거기에 연루되는 자유의 문제와는 별도로—[15] 가치적 관점에서 보면 아주 이질적인 우리의 행위들이 삶을 표현한다는 의미에서 진정으로 동일한 연원을 갖는다는 사실은 '타고난 성격'과 양립할 수 없는 것이 결코 아니다. 왜냐하면 성격의 생래성을 우리 행위의 질적 균

15) 이 부분은 원래 쉼표로 처리되어 있는 것을 옮긴이가 줄표로 바꾼 것이다.

일성, 다시 말해 **하나의**(비록 복잡할 수도 있지만) 개념에 의해 표현될 수 있는 가능성과 동일시하는 것은 아주 놀랄 만한 협애화이자 경직화이기 때문이다. 이렇게 동일시하는 입장에 따르면, 개인은 도덕적 성격으로 또는 비도덕적 성격으로, 쾌활한 성격으로 또는 우울한 성격으로, 옹졸한 또는 관대한 성격으로 태어나며, 개인은 절대로 타고난 성격으로부터 벗어나는 의미에서 행동할 수 없으며, 만약 그렇게 행동하는 경우가 발생한다면 개인은 자아에 이질적인 힘에 의해 왜곡되거나 또는—원래 이해할 수 없는—우연성이 이 천박하고 일시적인 외면현상을 야기한다.

심지어 일관되게 개인의 삶을 관통하는 상태의 성격들이 존재하는지 아닌지 결정할 수 없을지라도, 한 개인이 한 시기에는 어느 한 특정한 내적인 태도를 취하지만 다른 시기에는 그로부터 완전히 벗어나는 태도를 취하는 것—그리하여 무한히 동요할 수 있는 것—이 왜 그 개인에게 '생래적'이 될 수 없는지 나는 알 수 없다. 왜 성격적 생래성은 육체적 생래성과 달라야 하는가? 우리의 수염은 10대에 자라기 시작하는데, 처음에는 드문드문 나다가 그다음에는 많이 나며 나중에는 회색이 되었다가 마지막에는 희게 된다—이러한 변화는 우리에게 본래적인 맹아적 소질(素質)을 통해 필연적으로 주어지는 것이 아닌가? 왜 육체의 본채색이 삶의 발전 과정에서 변화하는 것은 이른바 성격의 단색성(單色性)과 달리 생래성이 아니어야 하는가? 성격의 선(先)결정성은 전적으로 그것의 개념적-질적인 동형성(同形性)과 밀접하게 연결된다고 생각하는 것은 그저 단순한 선입견에 지나지 않는바, 이러한 선입견은 도처에서 행동의 동질성이 관찰됨으로써 우리의 불완전한 인식에 대해 확실히 결정된 성격이 존재할 개연성이 매우 현저하게 증가한다는 사실을 통해서만 발생한다. 그러나 확언의 가능성과 불가능성 여부와 전혀 무관하게, 시간의 경과에 따라 변화하는 성격학적 행동을 보다 적게 선(先)결정된 것으로 간주할 수 있는, 즉 이 행동이 한 단계에서 다른 단계에서보다 보다 덜 깊게 생래적인 본질의 근원에 도달한다고 볼 수 있는 근거가 객관적 사실 그 자체에는 전혀 존재하지 않는다.

우리가 지금 바로 이 순간의 삶의 흐름이라고 표현하는 각 횡단면에서는 삶이 사실상 상이하게 형성되며, 그리하여 모든 횡단면은 내용적으로 아주 빈약하든 또는 아주 풍부하든 상관없이 총체적인 삶의 완전한 단계를 의미한다는 사실—이러한 사실은 물론 경험적으로 다양하게 변화된 모습으로 나타난다. 그리고 외견상 독립적으로 기능하는 것처럼 보이는 특수한 에너지들에 직면해서도, 생각하고 느끼며 욕구하는 것은 총체적 인간이라는 사실을, 그리고 모든 개별적인 의미는 삶 전체가 외부 세계와 연결되는 통로일 뿐이라는 사실을 잊어버려서는 절대 안 된다. 그럼에도 불구하고 우리는 한 특수한 에너지와 다른 특수한 에너지 사이에 그 어떠한 종류의 관계나 규정도 확증할 수 없는 경우가 자주 있으며, 이 경우 우리는 방금 언급한 사실들을 쉽게 잘못 생각한다. 그러고는—이는 그 밖의 점에서도 수많은 정신적 또는 실천적 관계들에 전형적이다—전체를 구성하는 어느 한 요소는 확실히 그 어떤 다른 개별적인 요소의 영향을 받지 않고 바로 이 전체를 통해 통일성으로서 규정될 수 있다는 사실을 잊어버린다. 예컨대 기독교 신자는, 만약 그가 바로 이 자리에서 기대해 온 바와 같이 신적인 자비, 신적인 지혜 또는 신적인 정의와 신적인 진노가 그의 삶에 관여하지 않는다면, 그가 신적인 유일성에 절대적으로 포용되어 살아간다는 사실을 잊어버리는 일이 드물지 않다.

이론적으로 결코 쉽게 파악할 수 없는 형식 유형, 즉 개인적인 삶은 언제나 전체로서만 우리가 개별적인 행위나 체험이라고 부르는 것으로 발전한다는 사실은 우리의 개념 구성에서 일정한 논리적 유사성을 발견한다. 개념은 자신이 표현하는 구체적인 사실 가운데 단지 일정한 부분, 측면 및 특징만을 포함한다. 이에 반해 개념은, 다른 많은 부분, 측면, 특징과 이것들의 모든 개별적 형태 그리고 다른 개념들에 속하거나 결코 개념적으로 표현될 수 없는 모든 것을 완전히 그 내용으로부터 배제한다. 그럼에도 불구하고 개념은 총체적으로, 다시 말해 그 자신과 무관한 일체의 규정을 포함해 모든 사실에 통일적으로 적용된다. 내가 어느 한 식물을 나무라고 부른다면, 이 개념은 그 식물에는 가시가 있는지 없는지 또는 잎이 있는지 없는지를 규정하지 않는다. 그럼에도 불구하고 나무의 개념은 이를테면 가시가 달린 식물의 일부분과 잎이 난 식물의 일부분에 적용되는 것이 아니라 가시가 난 식물과 잎이 난 식물이라는 내적으로 통일적이고 **전체적인** 구성물에 적용되는 것이다. 나무의 존재는 말하자면 개별적인 차이성들에 의해 방해받지 않고 모든 것을 관통한다.

또는 우리가 누군가를 바보라고 부른다면—이 개념은 우둔함이나 현명함과 전연 관계가 없으며 역으로 우둔함과 현명함이 그것을 결코 선(先)결정하지 않는 인간의 모든 수많은 특성을 포함하지 않는다. 그럼에도 불구하고, 그의 선량함이나 악함, 그의 정상적인 또는 비정상적인 충동적 삶, 그의 수다스러움이나 과묵함 등의 특성 및 다른 모든 특성과 **더불어** 그는 바보**이다**. 이처럼 바보의 개념은 비록 하나의 부분에 지나지 않는 특성에 따라서 규정되지만 지적인 것과 거리가 먼 예의 그 모든 특성을 내적이고 통일적으로 결합하는 그의 전체를 포괄하거나 지배한다.[16)]

개별적인 것과 삶 전체 사이의 이러한 구조적 관계는 특히 윤리적 가치판단에서 독특한 문제를 야기한다. 단테의 작품에서는 죄인들이 주로 개별적인 행위들 때문에 벌을 받는다. 우리는 여기에서 다음과 같이 보다 심층적인 함의를 읽어낼 수 있다. 인간은 그의 삶에서 언젠가 전체적인 의미, 즉 이 삶의 전체적인 경향을 내적으로 결집하는 그 무엇인가를 행한다—그럼에도 불구하고 여기에서 그와 같은 대표적인 행위의 윤리적 가치는 기존의 규범체계에 따라 측정되는 그 행위의 개별적인 내용에 의해 결정된다. 그리고 비록 벌을 받는 근거가 죄인의 **특성들**이라 할지라도, 이것들은 어디까지나 부분적인 것일 뿐이다. 인색한 인간, 환락을 추구하는 인간 또는 격노하는 인간도 이러한 특성들 이외에도 아주 탁월한 특성들을 지닐 수 있으며, 단테 자신도 또

16) 이 문장에서 "지적인 것과 거리가 먼 예의 그 모든 특성"은 바로 그 앞에서 언급한 특성들 가운데 우둔함이나 현명함, 그러니까 지적인 것과 거리가 먼 것을 제외한 모든 것을 가리킨다.

한 이를 부정하지 않는다. 아니 심지어 때때로 이를 암시한다. 이 아주 탁월한 특성들은 어디에 거하는가? 왜 이것들은 하나의 부정적인 가치 앞에서 완전히 사라져버리는가? 또한 이 부정적인 가치는 형식적인 원리로서 소돔 전체가 의인(義人)들이 존재한다는 **한 가지** 사실만 보일 수 있다면 죄악을 용서받을 수 있을 것이라는 사실과 어떻게 일치하는가?[17] 그리고 이 한 가지가 실제로, 칸트에게서 예지적 성격을 띠는 가장 순수한 현상으로서 등장할 수 있듯이 그렇게 실존의 결정적인 가치 지점으로 간주되어야 하는가?[18]—단테에게서와 마찬가지로

17) 잘 알려져 있다시피, 소돔(Sodom)은 『구약성경』 「창세기」에 등장하는 도시이다. 「창세기」 제18~19장에 의하면, 여호와는 소돔과 고모라(Gomora)가 심히 타락하자 이를 멸하려고 한다. 그러자 아브라함이 여호와와 협상을 하는데, 그 기준이 바로 의인(義人)이다. 여호와는 아브라함에게 성 중에서 의인 오십 명을 찾으면 도시를 용서해 주겠다고 약속한다. 그러나 의인 오십 명을 찾지 못하자 협상은 계속되어 마침내 열 명까지 내려간다. 그러나 열 명의 의인도 찾지 못해 소돔과 고모라는 유황과 불에 의해 멸망당한다. 그런데 짐멜은 "um *eines* Gerechten willen"이라는 표현을 사용하는데, 이는 "의인 **한 사람** 때문에" 또는 "의인 **한 사람**을 위하여"로 번역된다. 그러나 이 글의 전반적인 논의의 맥락이나 성서 구절을 감안해 "(정)의로운 사람들이 존재한다는 **한 가지** 사실만 보일 수 있다면"으로 옮기는 것이 적합할 듯하다.

18) 이 문장에 간략히 언급된 칸트에 대해서는 약간의 설명이 필요하다. 칸트에 따르면 경험적인 감성계에 속하는 존재로서의 인간은 이상적인 예지계에 속하게 됨으로써 비로소 인격이 된다. 칸트는 자신의 3대 비판서 가운데 하나인 『실천이성비판』에서 오로지 인간만이 스스로에게 줄 수 있는 가치의 필연적인 조건이 무엇인가를 묻는다. 그리고 답하기를, "그것은 다름 아니라 인간으로 하여금 (감성계의 일부분으로서) 자기 자신을 넘어서게 하는 것, 그리고 오로지 오성만이 생각할 수 있으며 동시에 전(全) 감성계와 시간상에서 경험적으로 규정될 수 있는 인간의 현존재 및 모든 목적 전체(이것만이 도덕적인 것으로서 그러한

칸트에게서도 행위가 그것과 삶의 유기적-연속적인 유착성에 따라 판단되지 않고 그것의 자체적으로 진술할 수 있는 내용에 따라서, 또는 칸트에게서는 이 내용의 순수한 의도에 따라서 판단된다.

그러나 양자의 경우 모두 설사 내면적이라고 하더라도 행위의 개별화를 필요로 한다. 왜냐하면 이들에게서는 행위가 개인의 전체적인 삶에 **대립해** 존재하며 이 삶에 근본적으로 무관심한 규범에 의해 가치평가를 받아야 하기 때문이다. 여기에서 만약 행위가 그 역의 방향으로, 즉 그것이 행위자에게 미치는 반작용에 따라 추구된다면 삶의 전체에 대립해 행위를 고립시키는 것은 즉시 지양된다는 사실을 논증하는 것은 흥미 없는 일이 아니다. 재판관은 단지 명시된 범행만 처벌할 수 있

무조건적인 실천적 법칙들에 적합한 것이다)를 자기 아래에 두는 사물들의 질서에 인간을 연결하는 것이다. 그것은 바로 **인격**이다. 다시 말해 그것은 자유이자 전(全) 자연의 메커니즘으로부터의 독립이면서, 동시에 고유한, 즉 자기 자신의 이성에 의해 주어진 순수한 실천법칙들에 복종하는 존재의 능력으로 보인다. 그러므로 감성계에 속하는 존재로서의 인간은 동시에 예지계에 속하는 한에서 자기 자신의 인격에 복종한다. 그리하여 두 세계에 속하는 인간이 그의 두 번째의 그리고 최고의 규정과 관련해 자기 자신의 존재를 다름 아닌 숭모로써 그리고 그러한 규정의 법칙들을 최고의 존경심으로 바라보아야 한다면, 그것은 결코 놀랄 일이 아니다." Immanuel Kant, *Kritik der praktischen Vernunft: Werke in zehn Bänden, Bd. 6*, Darmstadt: Wissenschaftliche Buchgesellschaft, 1983, pp. 103~302, 여기서는 pp. 209~10: A153~55. 다음의 문장—"그러므로 감성계에 속하는 존재로서의 인간은 동시에 예지계에 속하는 한에서 자기 자신의 인격에 복종한다."—에서 '인간'은 'Person'을, 그리고 '인격'은 'Persönlichkeit'를 옮긴 것이다. 우리말 번역본에는 전자가 '인격'으로, 그리고 후자가 '인격성'으로 옮겨져 있다. 예컨대 다음을 참조. 임마누엘 칸트, 『실천이성비판』, 백종현 옮김, 아카넷, 2002, 194~95쪽.

으며, 인간은 명시된 범행 이외의 측면과는 아무런 상관도 없이 단지 이 범행의 주체가 될 수 있다. 오직 형벌만이—그러니까 예컨대 사회적 영락(零落)과 같은 형벌의 직접적인 고통만이 실제로 총체적 인간에게 영향을 끼친다. 우리의 행위들은 그것들이 우리에게 미치는 반작용의 관점에서 보면—여기에서 비판한 윤리적 표상들이 주장하는 바와 정반대로—[19] 우리로부터 나오는 행위의 근원처럼 특정한 지점에 결코 제한되지 않는다. 우리는 이것을 수없이 경험하는바, 이미 이러한 경험만 보더라도 우리 행위의 근원도 삶 전체와 보다 밀접하게 연결되어야 한다.

이러한 기본 관계는 지금까지 암시된 지층들보다 더 내적인 지층에도 적용된다. 우리는 어쩌면 실제로 영혼의 한 지류에서 발생하는, 따라서 상대적으로 고립된 것으로 생각할 수 있는 어느 행위의 죄과로부터, 만약 "너는 앞으로도 그와 같은 것을 할 가능성이 있다!"라는 희미한 감정에 둘러싸여 있지 않다면, 보다 쉽게 해방될 것이다. 그러나 우리를 진정으로 압박하는 것은 우리의 본성—이는 말하자면 지역적인 본성일 수도 있다—과 이 본성의 이제 더 이상 끝까지 부인할 수 없는 영속적인 가능성, 다시 말해 개별적인 행위를 넘어서 전체적인 삶의 과정으로 확장되는 그 무엇이다. 그러므로 심리학적으로 다음과 같은 사실도 관찰할 수 있다. 근본적인 내적 전회가 우리로 하여금 후회한 행위를 되풀이할 생각을 아예 못하도록 만들면 후회의 고통은 현저

19) 이 부분은 원래 쉼표로 처리되어 있는 것을 옮긴이가 줄표로 바꾼 것이다.

히 완화된다. 또한 우리는 실제로 많은 행위에 대해 완전한 책임감을 느끼지 않는다는 사실을, 그리고 이 행위들은 어디에서 오는지 몰라도 갑자기 이방인처럼 우리의 내적 풍경에 서 있지만 우리 삶의 중심에 연결되지 않고 주변부에 머무는 그 무엇이라는 사실도 결코 간과할 수 없다.

그런데 내가 보기에 이러한 사실을 그와 같은 말들에 의해 해석하는 것은 잘못이다. 이미 위에서 논한 바와 같이, 우리는 언제나 그리고 따라서 그와 같은 행위의 순간들에서도 우리의 전체적인 삶이며, 또한 여기에서 쉽게 제공되는 바와 같이 전체적인 삶을 우리의 현실성과 우리의 잠재성으로 분리하는 것은—그것도 아주 불균형한 척도의 분배에 의해—[20] 아주 문제가 많은 보조 표현이다. 왜냐하면 이른바 현실적인 것과 이른바 잠재적인 것이 불가분하게 서로 얽히는 상태가 비로소 실제적이고 유효한 삶의 순간을 구성하기 때문이다. 이는 삶이란 그 본질상 끊임없이 상승하고 하강하면서, 강해지고 약해지면서 그리고 밝아지고 어두워지면서 요동친다는 사실을 의미할 뿐이다. 물론 그렇다고 해서 그 어떠한 순간에도 바로 이 하나의 삶이 지니는 전체성을 포기하는 것은 아니다. 그러므로 삶은 단순한 '부분들'이 아니며, 위에서 언급한 종류의 행위들이 발생하도록 만드는 치외법권적인 그 어디가 아니라 바로 우리 삶의 전체적인 통일성이다.[21] 이 삶의 전

---

20) 이 부분은 원래 쉼표로 처리되어 있는 것을 옮긴이가 줄표로 바꾼 것이다.

21) 이 문장에서 말하는 "위에서 언급한 종류의 행위들"이란 인색하거나 낭비하는 행위, 용감하거나 비겁한 행위, 현명하거나 어리석은 행위 등을 가리킨다.

체적인 통일성은 단지 그와 같은 순간들에서만 다른 무엇으로 환원되고, 자기 자신을 알지 못하며 다른 경우에는 친숙한 것에 대해 거리를 두는 단계를 넘어선다. 그런데 다르다고 표현된 이것도 그 어디서인가 불어온 우연적인 것이 결코 아니라 삶 그 자체의 양태이다. 외면은 내면적 삶의 한 형식이다.

보다 상세하게 논의를 전개해 보면, 여기에서 우리에게 결정적인 동기—이것은 한편으로 기계론적 견해와 대립되고 다른 한편으로 플라톤적 견해와 대립한다—[22]는 어쩌면 우리의 행위를 일반적인 본질적 특징들로 종합하는 경우에 가장 명백하게 드러날 것이다. 나는 방금 논한 것에서 출발하고자 한다. 만약 우리가 어떤 사람을 인색하다고 말한다면, 그의 인색이 인색한 것이 아니라 총체적 인간, 즉 동시에 용감하고, 감각적이고, 영리하고, 우울하며, 또한 그 밖에 모든 것이 가능한—**바로 이러한 사람이** 인색한 것이다. 그러므로 인색한 행위라고 규정하는 모든 행위에는 총체적 인간이 포함된다. 물론 영리하게 또는 용감하게 아니면 감각적으로 결정되어 보이는 다른 모든 행위의 경우에도 매한가지이다. 만약 우리가 삶에서 질적인 동일성을 인식하는 경우에 한해 삶의 통일적인 전체성을 보고자 한다면, 이는 삶의 본질을 완전히 오해하는 것이다—왜냐하면 이 경우 우리는 내용적으로 다양한 삶의 모든 순간을 혼합해 평균을 내는 방식을 통해 또는 '순수한' 자아를 통해, 즉 내용적으로 다양한 것들을 추상화함으로써 삶의

22) 이 부분에는 원래 줄표가 없는데 옮긴이가 추가했다.

통일적인 전체성을 얻고자 하기 때문이다.

무생물체에 적용되는 전체와 부분의 범주는 삶에, 그 가운데에서도 특히 개인의 영혼적 삶에 절대로 적용할 수 없다. 여기서는 삶이 내적으로 결합되어 있는데, 이러한 결합은 각각의 지점에서 다른 각각의 지점에 도달하려면 반드시 시간적으로 그사이에 존재하는 모든 지점을 통과해야 하는, 전과 후의 관계에만 해당하는 것이 아니다. 거기에 더해 과거의 것들이 말하자면 그사이에 가로놓여 있는 모든 것의 머리를 넘어서 현재적인 것에 영향을 끼치며, 그것과 더불어 끊임없이 변화하는 통일성을 구성한다—이는 회화에서 모든 채색된 부분은 단지 인접한 부분들뿐만이 아니라 동일한 캔버스의 다른 모든 부분들과도 관계를 맺으며, 또한 그리함으로써 대비, 종합 및 고양의 네트워크가 형성되는 것과 마찬가지 논리이다. 이러한 네트워크를 우리는 예술작품에서의 '필연성', 즉 모든 부분의 불가결성이라고 표현한다. 왜냐하면 **모든** 다른 부분은 바로 이 특정한 부분이며, 그 역도 성립하기 때문이다. 예술작품의 모든 부분은 그것이 이 자리에서 무엇인 바로 그것인바, 이는 다른 모든 부분이 그것이 무엇인 바로 그것이라는 사실을 통해서만 그렇다. 모든 부분의 의미는 말하자면 예술작품 전체를 내포한다.

그러나 이와 같은 비유도 삶의 독특한 형식이 원칙적으로 남김없이 그리고 통일적으로 실현하는 것, 즉 삶은 실제로 모든 그때그때의 현재에서 **전체로서** 존재한다는 사실에 궁극적으로는 아주 불완전하게 그리고 말하자면 제멋대로 근접할 뿐이다. 이러한 현재성들이 한편으로는 시간적으로 분리된 '단편들'로서 그리고 다른 한편으로는 그 내용들의 모순에 의해 상호 배제되는 까닭에 그때그때 하나의 전체적인 삶이 되기를 거부하는 사실, 이 사실은 외부로부터 삶에 부과되는 관점들의 작용으로 소급된다. 그리하여 전체와 부분의 도식은 기껏해야 삶의 **시간**에나, 즉 이른바 삶으로부터 삶을 말살하는 경우에 얻을 수 있는 공허하고 선형적(線型的)인 시간의 도식에나 적용된다. 이러한 시간적 도식의 내부에는 확실히 '단편들', 즉 특정한 지점들에 뚜렷하게 설정된 경계들을 통해 잘려진, 그러므로 결코 단절되지 않은 절대적인 연속성에서 진행되는 삶에 대해서는 전혀 상징이 될 수 없는 부분들이 존재한다. 6시와 7시 사이에는 확실히 나의 삶의 '한 단편'이 지나가고 7시와 8시의 또 다른 단편이 그 뒤를 따르며, 그리하여 이 단편들의 각각은 나의 삶을 단지 비율적으로만(pro rata) 포함하고 그것들이 합해져 전체적인 삶을 이룬다.

그러나 삶 그 자체의 관점에서 보면, 이러한 단편화는 결코 객관적인 것이 아니며, 삶의 고유한 구조에 그 밑그림이 그려져 있는 것도 아니다. 우리는 따로따로 고찰된 모든 순간이 전체적인 삶이라는 사실을 통해서만 삶의 연속성을 표현할 수 있다—왜냐하면 우리가 외적인 시간적 측면에서 다수라고 불러야 하는 그 무엇에서 실현되는 것이 이 전체적인 것의 형식이요, 그것의 통일성이기 때문이다. 삶의 부분들의 질적인 상이성을 고려해도 사정은 마찬가지이다. 내가 나의 행위를 때로는 인색하거나 낭비하는 행위로, 때로는 용감하거나 비겁한 행위로, 때로는 현명하거나 어리석은 행위로 분해하는 것은, 객관적 체계의 측면에서 그리고 완전히 분리된 상태로 삶의 과정에 대립하는 개념적인 범주들에 의해 가능해진다. 물론 삶의 과정이 때로는 한 범주가 때로는 다른 범주가 적용되도록 허용하는 것은 이 과정 자체의 내부에 존재하는 내용적인 상이성이다. 그러나 이러한 상태는 그 자신의 진정한 본질성과 윤리적 판단 가능성을 인색이나 낭비의 개념 또는 용감함이나 어리석음의 개념으로부터 얻지 않고, 연속적인 그리고 연속적으로 변화하는 삶의 흐름으로부터 얻는다.

여기에서 다시 한 번 개념적-보편적 직관 방식과 생(生)적-개인적 직관 방식 사이의 차이가 아주 명백하게 드러난다. 플라톤적 관점(이 관점은 여기에서 '보편적 법칙'의 윤리를 위한 전제조건이기도 하다)에서 보면 용감한 행위는 용감함의 개념을 예시적으로 실현하는 것이다. 이 관점에 따르면 용감한 행위는 이 개념이나 다른 개념에 의해 보증되어야만 비로소 행위가 된다. 그러므로 행위에 대해 본질을 부여하는 것은 다름 아닌 개념이지 결코 행위가 그것의 맥박으로서 고동치는 삶이 아니다. 비록 우리가 인간은 용감하게 행위함으로써 용감함의 이념에 관여한다고 말하는 플라톤의 초험적(超驗的)이고 실체화하는 표현을 거절할 수 있을지라도, 그 표현의 기본 동기는 여전히 유효하다.[23] 여전히 행위는 그 의미, 가치평가 및 질서에 입각해 보면 지금 바로 **그렇게** 실현되는 개인의 전체적인 삶으로서가 아니라 용감함의 개념의 실

23) 이 문장에는 '초험적'(超驗的)이라는 단어가 나오는데, 이것과 '초월적'(超越的)이라는 단어의 차이에 대해서는 이 책 제4장 각주 12 참조.

현으로서 나타난다. 그때그때의 삶은 개념적으로 표현할 수 있는 행위의 내용들에 대한 이러한 해석들로부터 유래하기 때문에 행위의 내부에서 확실히 단순한 단편에 불과하며, 다른 단편들과 더불어(예컨대 이성적인 것이 감성적인 것과 더불어, 실천적인 것이 이론적인 것과 더불어, 개인주의적인 것이 사회적인 것과 더불어) 비로소 전체적인 삶을 구성한다.

이러한 고찰 방식은 의심의 여지없이 필요하고 유용하다. 왜냐하면 삶은 행위에 있어서도, 인식에 있어서도 일반적으로 그와 같은 현실적이고 이상적인 계열들과 가치들, 그리고 이로부터 나오는 결과들과 관계를 가짐으로써만 우리에게 중요해지기 때문이다. 그러나 행위가 실제로 형성되는 근원점의 관점에서 보면, 행위는 '용감함의 행위'(물론 합리주의 입장에서 보면 이 반시적[半詩的] 어투에는 어떻게든 실제적인 의미를 갖는 토대가 있다)가 아니라 이 총체적 삶의 현재적인 실현이며, 따라서 윤리적 책임이 문제되는 경우에는 어디까지나 이 삶의 전체적인 당위가 바로 이 자리에서 가리키는 것에 의해서만 판단되고 평가되어야 한다. 나는 앞에서 삶의 현실이라는 형식을 강조하기 위해서 성격의 생래성은 우리를 본질적으로 항상 똑같은 종류의 행위에 가두어버린다는 잘못된 믿음을 비판했다.[24] 이와 마찬가지로 당위도 어느 한 삶의 전개이기 때문에 삶의 양극단에서 전개되는, 비록 질적으로 동일하지 않지만 그래도 결정적인 행위들에까지 미칠 수 있다. 바로 이러한

---

24) 이는 구체적으로 이 책 100쪽 두 번째 단락(다음의 사실들, 즉 삶이 실제로 ……)에서 102쪽 첫 번째 단락(……전혀 존재하지 않는다)까지를 가리킨다.

근거로 당위는 책임의 문제에 관계되는 한 어느 하나의 보편적인 법칙에 따라 결정될 수 없는 것이다.

물론 용감함 그 자체는 선하고 인색 그 자체는 악하다. 또한 우리가 전자는 존재하고 후자는 존재하지 않기만을 원하는 것이 보편적인 법칙이 될 수도 있을 것이다. 그러나 그렇게 명명된 행위들이 개인적 삶의 계열에서 의미하는 것, 아니면 보다 정확히 표현해 이러한 행위들이 바로 이 **삶으로서** 의미하는 것(이 행위들은 단지 개인적 삶의 총체성의 순간적인 표현일 뿐이며, 따라서 오직 이 삶의 전체적인 당위에 의해서만 판단될 수 있기 때문에)—그것은 여전히 결정되지 않은 채로 남는다.

이와 더불어 지금까지 그토록 상세히 다룬 사실, 즉 모든 행위는 어느 하나의 아주 세련된 '영혼적 능력'에 의해서가 아니라 총체적 인간에 의해서 창출된다는 사실의 윤리적 의미가 대두된다. 이 영혼적 능력은 궁극적으로 언제나 우리의 인색한 행위는 우리의 인색에서 그리고 우리의 용감한 행위는 우리의 용감함에서 유래한다는 순환으로 귀결된다. 그 자체가 형식적인 법칙으로서 실천을 위해서는 언제나 실질적인 법칙으로 전환되어야 하는 보편적인 법칙은 **총체적** 인간을 합리화된 행위 내용에 의해 결정하는데, 이 행위 내용은 삶을 초월하고 개인을 초월하는 의미를 지닌다. 보편적인 법칙은 이제 비로소 올바르게 드러나듯이 그러한 결정을 위해 무용한 수단을 적용하는 것 외에 어찌 달리 **할 수** 없다. 왜냐하면 보편적인 법칙은 인간이 생생하게 살아가는 총체성으로부터가 아니라 고립된 내용의 개념성으로부터 인간에게 윤리적 요구를 하기 때문이다.

이와 정반대로 여기에서 스케치한 우리의 관념은 다음과 같다. 인간은 통일적인 연속성이라고 생각되는 그의 전체적인 삶의 안에서 무엇인가를 해야 하며, 이러한 삶과 더불어 주어진 자기 자신의 이상을 실현해야 한다. 그런데 이러한 이상의 본질은 삶 일반의 본질과 마찬가지로 끊임없이 변화하며 종종 서로 논리적으로 모순되는 행위들로서 전개되는 것이다. 이러한 요구는 가령 실제로 개인적인 행위를 형성하기 위해서는 언제나 추가적인 규범들을 필요로 하는 보편적인 '선한 신념'으로 이어지지 않는다. 여기서는 이제 모든 행위는 총체적 인간에 의해 창출된다는 바로 그 원리로부터 개별적인 행위가 총체적 인간에 의해 도덕적으로 결정된다—다시 말해 현실적인 인간이 아니라, 현실적인 인간과 매한가지로 개인적인 삶이 주어져 있는 당위적인 인간에 의해 결정된다. 행위는 자신으로 하여금 삶을 초월해 보편적인 것으로 되도록 하는 개념화가 아니라 총체적 인간으로부터 자신의 당위성을 창조해야 한다. 그런데 행위는 당위성의 창조를 논리적으로 해야 한다. 왜냐하면 이상적인 삶의 연속성은(이 연속성이 바로 **삶**이기 때문에) 그 전체가 각각 **명명할 수 있는** 행위의 내용들로 발전되어야만 비로소 실존할 수 있기 때문이다.

물론 모든 주어진 순간에는 언제나 도덕적으로 요구된 그 어떤 개별적인 행위만이 문제가 된다. 그러나 행위가 도덕적으로 요구된 행위가 되는 이유는 행위가 이념적으로 밑그림이 그려진 전체적인 삶에 귀속된다는 사실에서만 찾을 수 있다. 왜냐하면 당위에는 우리가 당위에 우리의 현실을 일치시키거나 일치시키지 않는—그리고 어떻게 해석되든 상관없는—가능성이 속하기 때문이다. 사실상 우리는 전체적인 삶을 그것과 동일한 배반(胚盤)에서 분출하는 현실적인 삶과 다르게 생각할 여지가 충분하다. 그러나 개별적인 행위가 그것이 일어난 것과 '다르다'고 표상하는 것은 참으로 부조리해 보인다. 이 경우 그 둘은 그저 다른 행위일 뿐 같지만 다른 행위가 아니다. 만약 개별적인 행위의 내용이 보여주는 견고한 독립성—이 내용은 오로지 그러한 상태로 존재할 수 있거나 아니면 결코 존재하지 않는다—을 도외시하고, 삶을 순전히 과정의 관점에서 보며, 다시 말하자면 내용을 그 자신의 유동성으로 해체해 버린 과정의 관점에서 삶을 보며, 그 결과로 개별적인 행위를 이 삶 전체를 지금 이 순간에 실제로 형성하는 것으로 파악한다면—겨우 이렇게 하는 경우에야 우리는 개별적인 행위가 실제로 그러한 것과 달라야 한다고 요구할 수 있을 것이다. 왜냐하면 변화할 수 있지만 여전히 동일한 존재로서 머무는 것이야말로 유기적 존재의, 그 가운데에서도 특히 전체로서 살아가는 영혼의 비교할 수 없는 독특성이기 때문이다.

확실히 이러한 원천 현상의 통상적인 가시화, 즉 어떻게든 실체로서 지속하는 또는 형식의 동일성이나 기능의 동일성에서만 유지되는 자아는 현실적인 사태에 전혀 어울리지 않는다. 개인은 외견상 아주 깊고 철저히 변할 수 있음에도 불구하고 개인의 동일성이 존재한다는 사실에 대한 통찰은 잠정적으로 모든 분석적인 개념화를 거부하는 기본 사실이다. 그리하여 삶의 이러한 특징이 더 나아가 다음과 같은 모티프, 즉 개별적인 행위에는 이 전체적인 삶이 그때그때 완전히 표현된다는 모티프와 결합하는 경우에만 개별적인 행위가 '다르게 될 수 있는' 것이다. 그런데 이 모티프는 우리가 삶 전체에서 자유롭지만 개별적인 것은 결정된 것이라는 반복적으로 등장하는 관념과도 연결된다. 이것은 당위도 총체성이라는 사실의 표현일 뿐인바, 개별적인 행위는 총체성으로부터 분리되어 국한적(局限的)인 자기 책임성을 띨 수 없다.

만약 모든 개념적·시간적·현상적 제한성이 개인적 삶의 전체적인 과정과 가지는 관계가 이러한 의미에서 파악된다면, 이 과정이 통일적으로 진행될 수 있는 모든 범주에는 명백히 다음의 논리가 적용된다. 개인적 삶의 현실 일반이 그때그때 이 삶의 현존적인 실재로 발전하듯이, 개인적 삶의 당위 일반은 그때그때 이 삶의 의무로 발전한다.

제5장

보편법칙에서 개인법칙으로

이로써 우리는 당위를 그 내용들의 소재나 형식적인 관계로부터 얻으려는 모든 시도와 대립한다. 물론 이 내용들이 마땅히 해야 하는 것이라면 거기에는 저마다의 당위가 생생하게 작동한다. 다만 **무엇에 근거해** 그 내용들을 마땅히 해야 하며 무슨 심급으로부터 그 내용들에 윤리적 선택과 윤리적 강조가 부과되는가 하는 문제에 차이가 있을 따름이다. 여기서는 독특하게 규정된 삶의 개념에서 해결을 찾고 있지만, 그렇다고 해서 내용들의 의미가 배제된 것으로 간주해서는 안 된다. 오히려 이 당위는 모든 개인적 삶의 한 형식으로서 이 삶의 현실형식과 동등하게 인식됨으로써 그 자신에게 외적인 모든 가능한 연결고리를 받아들인다. 여기에서 외적인 연결고리를 얼마나 폭넓게 받아들일까 하는 문제는 정언명령의 도덕주의와 거기에 연결된 보편성의 요구가 그리할 수 있는 것보다 훨씬 더 적게 선결(先決)된다. 왜냐하면 모든 사회적인 또는 숙명적인, 모든 이성적인 또는 종교적인, 그리고 환경의 수많은 조건으로부터 유래하는 조건들, 요구들 및 충동들이 바로 이 삶 그 자체에 영향을 끼치기 때문이다. 다시 말해 삶이 이것들에 의해 채워지고 형성됨에 따라서 그때그때 삶의 의무가 결정된다.

그런데 삶은 개인들에게서만 실현되기 때문에 도덕적 규범은 그 내적 원리상 개인적인 규범이다. 그리하여 윤리학을 지배하고 칸트 윤리학에서 가장 순수한 추상화로 발전한바 법칙과 보편적인 법칙의 동일시는 어쩌면 요구되는 논리적 또는 자명한 필연성을 갖지 못한다. 물론 나는 내가 해야 하는 것을 여전히 아주 정확하게 사물들의 객관적인 관계로부터 그리고 나의 외부에서 발원하는 법칙들로부터 도출할 수도 있다— 그러나 궁극적으로 또는 무엇보다도 **나는** 그것을 해야 하고, 그것은 **나의** 의무영역에 속하며, 또한 **나의** 현존재상은 그것을 완료하거나 중단함에 따라 더 가치 있는 것이 되거나 더 가치 없는 것이 된다. 만약 이러한 개인성의 의미(물론 이 의미는 다른 그 무엇과도 비교될 수 없는 독특성을 지니는 것은 아니다),[1] 즉 대체될 수 없고 혼동될 수 없는 통일성의 지점으로부터 또는(여기서는 그와 동일한 것이지만)[2] 생동하는 자아의 전체성으로부터 의무가 발생한다는 사실이 그런 식으로 결정된 이념적인 삶의 현전적(現前的)인 순간으로서 인정되지 않는

1) 이 부분은 원래 쉼표로 처리되어 있는 것을 옮긴이가 괄호로 바꾼 것이다.
2) 이 부분은 원래 쉼표로 처리되어 있는 것을 옮긴이가 괄호로 바꾼 것이다.

다면—만약 그렇다면 내가 해야 하는 것이 어떻게 진정한 책임, 즉 윤리적 문제의 가장 내면적인 것이 되어야 하는지 알 수가 없다.

이것을 심화하고 명료하게 하려면 무엇보다 당위는 절대로 목적으로부터 기인하지 않는다는 사실을 다시 한 번 강조해야 할 것이다. 목적으로부터가 아니라 우리 자신으로부터 우리가 무엇을 마땅히 해야 하는 근거가 나온다. 말하자면 당위 그 자체는 목적론적 과정이 아니다. 이는 물론 지속적으로 목적의 범주에 속하는 당위의 **내용**과는 관계가 없다. 수많은 경우 우리는 우리 자신을 전적으로 목적을 위한 수단으로 만들어야 하는데, 이 경우에 목적은 최소한의 개별적 실존을 넘어서며 그에 비하면 우리는 전혀 자기 목적의 의미를 갖지 못한다. 그러나 우리가 이것을 마땅히 해야 한다는 **사실**, 다시 말해 이것이 우리에게 의무의 범주로서 명한다는 사실—이러한 사실 자체는 우리가 그와 같은 행위를 실제로 행함으로써 이바지하는 목적에 의존하지 않는다. 물론 우리를 둘러싼 외적인 힘들의 관점에서 보면, 이것도 자율적인 사건이 아니라 목적론적 사건이다. 다시 말해 사회, 국가, 교회, 직업영역이나 가족영역은 우리에게 이 구성물들을 위한 수단으로서 몰아적(沒我的)으로 헌신하는 행위의 의무를 부과한다. 그러나 이것이 우리에게 **요구된다**고 해도 아직 도덕적으로 마땅히 해야 하는 것은 아니다. 왜냐하면 **요구**로서 도덕적으로 인정되는 행위 자체는 도덕적으로 부당한 행위로부터 구분되지 않기 때문이다.

그러므로 도덕적으로 인정되는 행위는 우리에게 의무로 간주되어야 하고 도덕적으로 부당한 행위는 의무로 간주되지 말아야 한다는 결정은 순환논증(circulus vitiosus) 없이는 이 의무의 내용이 기여하는 목적으로부터 나올 수 없고, 비록 삶의 현실을 절대적으로 뛰어넘지만 삶 그 자체의 내면으로부터 발원하는 직접적인 사실로서만 성립할 수 있다. 행위의 도덕성은—비록 그 내용이 우리를 사회적·문화적·정신적·종교적 계열의 단순한 '수단'고리로 만들 수 있을지라도—행위의 본질근원으로부터 분리되어 개별적인 객관적 사건들의 결합으로 해체되지 않고서는 그 자체로서 수단이 될 수 없다.[3)]

---

3) 칸트는 당위를 의무내용을 통해 재가하는 것이 불가능하다는 것을 아주 깊이 통찰했다. 그러나 그는 너무나 목적의 범주에 사로잡힌 나머지 도덕성, 즉 당위성을 전체로서 삶의 최종 목적으로 만들려는 대담한 전회를 시도한다. 그리고는 다시금 도덕성을 '보편적' 법칙의 합리주의에 결합함으로써 도덕적인 것을 수단의 성격을 갖는 모든 것으로부터 해방시키는 것이 다시금 환상이 되어버린다. 왜냐하면 이제 도덕적인 것은 다시금 논리화되고 합리적-법칙적인 세계라는 최종 목적이 현존하도록 돕는 단순한 수단이 되기 때문이다. 이러한 궁극적인 모티프의 관점에서 보면, 정언명령도 실제로 정언적인 것이 아니라 우리가 논리적 세계를 원하는가 또는 우리가 논리적 세계이어야 하는가에 달려 있다. 왜냐하면 정언명령은 논리적 세계를 위한 수단이 됨으로써 비로소 정당화되기 때문이다—이는 마치 칸트의 이론적 아프리오리의 진리가치는 우리가 경험지식의 타당성을 인정한다는 사실, 그리고 어떠한 근거에서든 또는 아무런 근거도 없이 우리가 경험적 지식을 인정하기를 거부하는 순간에 그 진리가치는 무효가 된다는 사실에 의해 조건지어지는 것과 같다. 여기서도 행위가 그 개인적-도덕적 **내용**에 따라 우리를 수많은 경우에 보다 높고 보다 보편적인 목적에 복종시킨다는 사실은, 이미 당위를 당위로서 저 보다 광대한 이상적인 목적에 종속시키고 당위의 본질을 이러한 종속에 의해, 즉 당위를 초월하는 그 무엇에 의해 정초(定礎)하도록 호도했다. 윤리학적 원리들은 당위가 윤리적인 것으로서 삶에서 멀어지는가 또는 삶에 다가가는가에 따라서 갈라진다—그리고 후자의 입장은 '이성도덕'에 의해서도 유지된다. 왜냐하면 '자율성'의 개념과 더불어 이성도덕은 단지 우리 자신의 이성은 어떠한 방식으로든 변형되어 우리 안으로 들어와 우리에 의해 대변되는 도덕적

우리는 아주 정당하게 여전히 합리적·대상적 또는 사회적 종류의 아주 많은 제재를 인정할 수도 있을 것이다. 비록 그렇다 할지라도 행위는 나의 전체적인 현존재상(現存在像)에 의해 결정된 의무의 계열에 편입됨으로써 비로소 **나의** 의무가 된다. 왜냐하면 그 누구도 우리가 특별한 상황들에서 **우리의** 의무로 인정하기를 거절해서는 안 되는 단 하나의 행위도, 단 하나의 보편적인 법칙도 진술할 수 없기 때문이다—다시 말해 그 객관적인 내용이 다음과 같은 질문을 그 자신에 대한 최고의 심급으로 갖지 않는 단 하나의 행위도, 단 하나의 보편적인 법칙도 진술할 수 없기 때문이다. 그것이 **나의** 의무인가, 그것이 **나의** 삶을 객관적이고 이상적으로 형성하는 것에 속하는가? 이에 대한 결정이 예컨대 심지어 나의 전체적인 삶의 희생을 요구하는 경우에도 전적으로 이 삶의 의미와 상황에 달려 있다. 왜냐하면 죽음도 오직 살아 있는 자만이 받아들일 수 있기 때문이다. 그러나 이는 다음의 사실을 의미한다. 설령 모든 개별적인 의무내용들이 예의 그 제재의 영역들로부터 우리에게 주어진다 할지라도, 이 내용들에 대한 결정은 이 제재의 영역들 그 자체로부터, 또는 여전히 그토록 많은 **개별적인** 목적들과 규범들로부터 구성될 수 없고 전적으로 통일적이고 연속적인 삶에 달려 있다.[4)]

내용들의 논리라는 전제조건만을 보증하기 때문이다. 그러나 이성도덕에서 도덕적 내용들의 논리는 **그 자체로서** 이념적으로 또는 형이상학적으로 자율적이다. 다시 말해 이 논리는 그것이 '최종 목적'을 규정해 주는 우리 자신의 외부에 존재한다 – 원주.

다만 여기에서 말하는 의무내용과 삶과의 이러한 연관관계는 단순히 경험적 현실이 아니라는 사실을 명심해야 할 것이다—왜냐하면 현실 그 자체로부터는 단지 현실만이 추론될 수 있을 뿐, '한 유(類)에서 다른 유(類)에로의 이행'(μετάβασις εἰς ἄλλο γένος)[5] 없이는 결코 **요구**가 추론되지 않기 때문이다. 요구의 형식은 오히려 처음부터 삶의 토대에 주어져 있어야 한다. 다시 말해 삶은 처음부터 당위의 범주에서도 진행되어야 한다—이 경우 당위가 경험적 의식의 연대기에서 어느 시점에 등장하든 그것은 아무런 상관이 없다. 또는 달리 표현하자면, 그때그때의 당위는 개인적 인격의 총체적인 삶의 한 기능이다.

이러한 기본 동기가 모든 주관주의, 모든 자의성, 모든 우연성으로

---

4) 이 문장에 나오는 "예의 그 제재의 영역들"은 이 단락의 맨 앞부분에 나오는 "합리적·대상적 또는 사회적 종류의 아주 많은 제재"를 가리킨다.

5) 여기에서 말하는 '한 유(類)에서 다른 유(類)에로의 이행'(메타바시스 에이스 알로 게노스[metabasis eis allo genos])은 논리적 추론의 오류를 나타내는 명제로서 아리스토텔레스의 논리학에서 유래한다. 아리스토텔레스는 증명해야 할 진술 대신에 다른 영역이나 다른 대상에 대한 동문(同文)의 진술을 증명하는 경우를 가리켜 '한 유(類)에서 다른 유(類)에로의 이행'이라고 표현한다. 이는 허용될 수 없는 범주, 의미, 영역 또는 유형에로의 이행으로 이해되기도 한다. 예컨대 길버트 라일(Gilbert Ryle, 1900~76)은 이를 '범주오류'라고, 에드문트 후설(Edmund Husserl, 1859~1938)은 '의미혼동'이라고, 루돌프 카르납(Rudolf Carnap, 1891~1970)은 '영역혼합'이라고, 그리고 버트런드 러셀(Bertrand Russell, 1872~1970)은 '유형오류'라고 표현한다. 그러나 헤겔의 변증법에서는 '한 유(類)에서 다른 유(類)에로의 이행'의 논리적 오류성이 제거된다. 거기서는 한 범주에서 다른 범주로 이행하는 것이 변증법적-논리적 이행으로 간주된다. 이를테면 양의 범주에서 질의 범주로 이행하는 것은 헤겔에 의하면 결코 논리적 오류가 아니라 필연적인 발전 원리에 속한다.

부터 얼마나 멀리 떨어져 있는가를 통찰하기 위해서는 일반적으로 융합되어 있는 개념들을 분화시키는 것이 가장 중요하다. 도덕적 요구의 제재는 지금까지 다음과 같이 결정되는 것처럼 보였다. 도덕적 요구는 주관적 의식에서, 다시 말해 개인적-양심적인 결정에서 마땅히 해야 하는 것으로 나타나거나, 또는 객관적인 것에서, 다시 말해 그 객관적-개념적 구조물로부터 타당성을 얻는 초개인적 규정에서 기인한다. 이러한 선택에 반해 나는 제3의 것이 존재한다고 믿는다. 개인의 객관적 당위가 바로 그것인바, 이것은 **그의** 삶으로부터 **그의** 삶에 부과되는 요구로서, 그 자신이 이 요구를 제대로 인식하느냐 아니냐 하는 문제와 원칙적으로 무관하다. 다시금 여기에서 다음과 같이 개념들의 새로운 분리와 새로운 종합이 필요해진다. 개인적인 것은 주관적일 필요가 없고 객관적인 것은 초개인적일 필요가 없다. 결정적인 개념은 오히려 개인적인 것의 객관성이다. 일단 특별히 개인화된 삶이 존재하면, 이 삶의 이상적 당위도 객관적으로 타당한 것으로서 존재한다. 왜냐하면 개인의 이상적 당위에 대한 올바른 표상과 잘못된 표상은 그것의 주체와 더불어 다른 주체들에 의해서도 파악될 수 있기 때문이다.[6)]

---

6) 1913년에 문화철학 저널 『로고스』에 실린 글 「개인법칙: 윤리학 원리에 대한 시론」에는 이 단락과 다음의 단락 사이에 다음과 같은 내용이 더 추가되어 있다. "후자들은[다른 주체들은] 전자[이상적 당위의 주체]에 비해 이를 파악하는 데 더 불리한 상황에 있는데, 그 이유는 이들이 도덕적 당위의 토대가 되는 삶을 단지 현실의 형식으로 나타난 현상을 통해서 알 수 있기 때문이다. 이에 반해 개인적 주체는 이 삶을 직접적인 방식으로 안다. 그리하여 그의 의식에서 당위형식은 본래 현실형식과 동시에 그리고 지속적으로 동행하면서 발전한다. 그러나 주관적 양심

나는 이것을 간단한 한 가지 실례를 분석함으로써 입증하고자 한다. 반전론자(反戰論者)를 생각해 보라. 반전론자는 전쟁과 병역은 완전히 파멸적이고 악한 것이라는 생각으로 가득하며, 또한 평온한 양심에 따라서뿐만 아니라 도덕적으로 정당하고 무조건적으로 요구되는 것을 한다는 거룩한 신념에 따라서도 조국이 명한 병역의무를 기피한다. 그럼에도 불구하고 그의 행위가 유죄판결을 받게 되고 조국이 부과하는 전쟁과 병역의 의무를 이행하는 것이 그가 거기에 대해 주관적으로 어떻게 생각하는가는 전혀 상관없이 도덕적인 것으로 요구된다면— 그렇다면 나는 '잘못된 양심'[7]을 부정하는 사람이 어떻게 이러한 상

이 잘못되지 않았음을 실제적으로 보증하는 것이 주어지지는 않는다. 비록 주관적 양심의 대상이 개인적 삶으로부터 형성되었음에도 불구하고 그렇다. 왜냐하면 바로 이와 더불어 이 대상은 객관적 대상이 되기 때문인데, 이는 개인적 삶이 객관적 삶이 되는 것과 마찬가지이다." Georg Simmel, "Das individuelle Gesetz. Ein Versuch über das Prinzip der Ethik", in: *Georg Simmel Gesamtausgabe 12. Aufsätze und Abhandlungen 1909~18, Bd. 1*, Frankfurt am Main: Suhrkamp, 2001, pp. 417~70, 여기서는 pp. 457~58.

7) 여기에 인용부호가 표시된 '잘못된 양심'(das irrende Gewissen)은 토마스 아퀴나스(Thomas Aquinas, 1225~74)의 『신학대전』(*Summa theologiae*)의 제I부 제II편 제19문제 제5절과 제6절에 나오는 내용이다. 아퀴나스는 『신학대전』 제5절에서 다음과 같이 묻는다. "잘못된 이성으로부터 벗어나는 의지는 악한 것인가?"(Utrum voluntas discordans a ratione errante, sit mala) 이에 대해 그는 이성 또는 양심으로부터 벗어나는 모든 의지는 그 이성 또는 양심이 옳든 그르든 상관없이 언제나 악한 것이라는 결론을 내린다. 그리고 제6절에서는 다음과 같이 묻는다. "잘못된 이성과 일치하는 의지는 선한 것인가?"(Utrum voluntas concordans rationi erranti, sit bona; Ist derjenige Wille gut, der mit einer irrigen Vernunft übereinstimmt?) 이에 대해 그는 잘못된 이성 또는 양심과 일치하는 의지는 결코 악한 것이 아니라는 결론을 내린다. 아퀴나스에게 양심은 이성의 소리이며 이성

황을 받아들일 수 있는지 알지 못한다. 그런데 반전론자에 대한 제재로서 단순히 국가질서와 공공복지(salus publica)[8]를 들이대는 것은 결코 충분치 못하다. 왜냐하면 국가질서와 공공복지가 단지 그것이 요구하는 것의 이행만 중요시하고 구체적으로 그것을 수행하는 주체의 내면은 중요시하지 않는 권력으로서 존재한다는 사실—이러한 사실 그 자체는 아직도 이 주체에 대한 **도덕적** 요구를 의미하지 않기 때문이다. 만약 온갖 객관적인 현세적 또는 초현세적 질서가 인간의 주위를 둘러싸고서는 자신들의 요구를 제시한다면—그는 이 요구를 실현해야 한다. 그리고 만약 이 요구를 실현하는 것이 **도덕적인** 행위가 되려면, 이러한 요구는 요구로서 그로부터 나와야 한다. 다시 말해 **그의** 존

안에 있는 실천적 지식이 구체적인 행위에 적용된 것이다. 그리고 이성은 인간의지의 판단규범이다. 요컨대 인간의 의지와 행위는 그 근원이 되는 양심과 이성에 근거하는 한 선하다는 것이 아퀴나스의 견해이다. 물론 아퀴나스는 중세인답게 그리고 신학자답게 영원한 법칙 또는 신의 명령을 설정한다. 그에 따르면 인간의 이성은 잘못될 수 있지만 영원한 법칙 또는 신의 명령은 잘못될 수 없다. 그러므로 인간의 이성과 일치하는 의지는 언제나 옳은 것은 아니며 또한 언제나 영원한 법칙 또는 신의 명령과 일치하는 것은 아니다.

참고로 『신학대전』은 1265~73년에 저술된 책으로 총 3부와 보론으로 이루어져 있다. 그 가운데 제1부는 신론, 제2부는 인간론, 제3부는 그리스도론과 성례전(세례, 견진성사, 성만찬, 참회)을 다룬다. 또한 보론은 아퀴나스의 유고집으로서 결혼, 죽음, 종말 등의 문제를 다룬다. 각 부는 수많은 '문제'(quaestio)로 나누어져 있으며, 문제는 다시 '절'(articulus)로 세분되어 있다. 그리고 각 절은 문제 형식으로 주제가 주어지고 여기에 대한 반론과 본문, 반론에 대한 응답 순으로 짜여 있다. 이는 중세 대학 특유의 수업 방식인 토론을 반영한 것이다.

8) 이는 달리 '국가복지'라고 옮길 수도 있다. 라틴어에는 "Salus publica supremla lex"라는 명제가 있는데, "공공복지가 최상의 법이다"라는 뜻이다.

재에 근거하는 당위가 되어야 한다. 외부로부터, 여전히 그토록 이상적이고 가치 있는 외적 존재로부터 요구로서 인간에게 다가오는 것은 원래 도덕적인 당위의 소재밖에 될 수 없으며, 이 당위에 의해서 비로소 인간을 위해 도덕적인 것으로 정당화되어야 한다.

물론 나는 그 어떤 종류의 타협이나 양보도 허용치 않는 바로 이러한 토대에 근거하여, 비록 그의 주관적-도덕적 의식이 병역을 비난한다고 할지라도 예의 그 반전론자는 진실로 병역에 도덕적 의무를 진다고 주장하는 바이다. 왜냐하면 당위의 형식에서 구현되는 개인성은 결코 비역사적이고 무실체적인, 예컨대 이른바 '성격'으로만 구성되는 것이 아니기 때문이다. 오히려 이러한 개인성은 이 인간이 일정한 부분, 예컨대 한 특정한 국가의 시민이라는 사실에 의해서도 결정되거나 이 사실을 결코 제거할 수 없는 동인으로 내포한다. 그를 둘러싸고 있는 모든 것과 그가 이전부터 체험한 모든 것, 그의 천성의 가장 강력한 충동과 가장 일시적인 인상—이 모든 것은 인격의 저 넘치는 삶에 의해 형성되며, 이 모든 것으로부터 현실이 발생하듯이 당위도 발생한다. "생래적인 것뿐만 아니라 후천적인 것도 인간이다"(괴테).[9]

---

9) 이는 괴테의 잠언으로, 인간의 행위는 유전적인 프로그램과 더불어 환경과의 상호작용을 통해 획득한 것에 기초한다는 의미이다. 괴테는 1832년 3월 17일에 빌헬름 폰 훔볼트(Wilhelm von Humboldt)에게 보낸 편지에서 이와 유사한 말을 한 적이 있다. "인간의 기관들은 후천적인 것을 생래적인 것과 결합해서 세계를 경탄시키는 통일성을 창조한다." Johann Wolfgang Goethe, *Sprüche in Prosa. Sämtliche Maximem und Reflexionen*(Herausgegeben von Harald Fricke), Frankfurt am Main: Deutscher Klassiker Verlag, 1993, p. 609.

외부로부터는 이 인간에게 처음부터 끝까지 오직 병역의 **요구**만이 부과될 수 있다. 그가 이 요구에 동의하든 동의하지 않든 전혀 무관하게 이 요구를 이행하는 것은 그의 의무라는 사실은, 국가적-민족적 힘 및 가치가 그의 개인적 실존에 전혀 헤아릴 수 없고 결코 분리할 수 없을 만큼 깊이 엮여 들어간 데에서 유래한다. 그러므로 바로 이 둘이 서로 엮인 관계로부터, 그러니까 그의 현실에 대해 전적으로 객관적인 상부구조 또는 외부구조가 되는 것으로부터 병역에 대한 그의 의무가 생겨난다.[10] 그가 이제 이 의무를 아는가 모르는가, 그 의무를 인지하는가 오해하는가 하는 문제는 그의 존재현실에 대해 아무런 상관이 없는 것과 마찬가지로 그가 그 의무에 대해 올바르게 또는 틀리게 판단하는가에 대해 아무런 상관이 없다. 물론 만약 "국가가 그것을 요구하기 때문에" 우리가 병역을 도덕적으로 마땅히 해야 하는 것으로 선언한다면, 이는 일상적인 실천을 간략하게 표현하는 방식으로서 족하다. 그러나 인간의 진정한 책임의 근원점으로부터 나오는 궁극적인 윤리적 질문에 대해서는 충분치 못하다. 여기서는 병역에 대한 국가의 요구가 다음과 같은 경우에 한해서만 효력을 발생한다. 개인이 국가에

---

10) 이 문장에서 "상부구조"와 "외부구조"는 각각 독일어의 'Überbau'와 'Nebenbau'를 옮긴 것이다. 전자는 원래 건축에서 위층을 가리키는 말인데 카를 마르크스 이후 '토대'(Basis)에 대비되는 개념인 '상부구조'로 사회과학에 토착화되었다. 후자는 원래 건축에서 옆채 또는 별관을 가리키는 말로서 사회과학에서는 사용되지 않는다. 그런데 짐멜은 'Überbau'와 'Nebenbau' 두 단어를 병렬시킴으로써 '위'와 '옆'이라는 시각적 효과와 더불어 독일어 운율의 효과—즉 '-bau'—를 얻고 있다. 이 'Nebenbau'를 외부구조라고 옮긴 것이다.

소속되는 것이 당위—개인의 삶은 다름 아닌 당위로서 이상적-윤리적으로 실현된다—[11]로 하여금 이 요구의 이행을 포함하도록 하는 방식으로 개인의 실제적인 존재나 삶에 섞여 짜이는 경우에 한해서만 효력을 발생한다—그러면 요구는 모든 주관적인 것으로부터도 완전히 독립된다.[12]

---

11) 이 부분은 원래 쉼표로 처리되어 있는 것을 옮긴이가 줄표로 바꾼 것이다.

12) 1913년에 문화철학 저널 『로고스』에 실린 글 「개인법칙: 윤리학 원리에 대한 시론」에서는 이 단락에 다음과 같은 각주가 달려 있다. "이러한 실례는 또한 보편법칙으로부터 개인법칙으로의 전회가 예컨대 전자에 의해 진술된 **내용들**을 원칙적으로 결정하기를 원하지 않는다는 사실을 명백히 보여준다. 그럼에도 불구하고 개념적으로 확정할 수 있고 개인의 삶에 앞서 존재하는 내용들은 수많은 경우에 이 삶의 내부 요소와 관계가 되며, 그 삶에 동화된다. 이는 육체에 공급된 음식들이 육체에 동화되고 육체 그 자체를 구축하는 것과 마찬가지 논리이다. 그러므로 이런 식으로 결정된 삶은 그 자체로부터 자라난 윤리적 요구에의 그 내용들[보편법칙에 의해 진술된 내용들]이 그 합리적이거나 사회적인, 종교적이거나 국가적인, 자선적이거나 형이상학적인 개념에 근거해 우리들에게 제시한 모든 요구를 받아들일 것이다. 다시 말해 삶의 논리는 내용적으로 그리고 그 결과에 따라 이 모든 영역들의 논리와 일치할 것이다. 윤리학적 원리들은 당위가 윤리적인 것으로서 삶에서 멀어지는가 또는 삶에 다가가는가에 따라서 갈라진다—그리고 후자의 입장은 '이성도덕'에 의해서도 유지된다. 왜냐하면 '자율성'의 개념과 더불어 이성도덕은 단지 우리 자신의 이성은 어떠한 방식으로든 변형되어 우리 안으로 들어와 우리에 의해 대변되는 도덕적 내용들의 논리라는 전제조건만을 보증하기 때문이다. 그러나 이성도덕에서 도덕적 내용들의 논리는 **그 자체로서** 이념적으로 또는 형이상학적으로 자율적이다. 다시 말해 이 논리는 우리 자신의 외부에 존재한다." Georg Simmel, "Das individuelle Gesetz. Ein Versuch über das Prinzip der Ethik", in: *Georg Simmel Gesamtausgabe 12. Aufsätze und Abhandlungen 1909~18, Bd. 1*, Frankfurt am Main: Suhrkamp, 2001, pp. 417~70, 여기서는 pp. 459~60[각주 2]. 앞의 각주 3(원주)을 보면 알겠지만, 밑줄 친 부분(밑줄은 내가 그었음)은 1918년의 저서 『인생관: 네 개

그러나 결정적인 것은 개인적 삶이 주관적인 것이 아니라 어떻게든 개인에 제한되면서 윤리적 당위로서 절대적으로 객관적이라는 사실이다. 개인성과 주관성의 잘못된 유착은 보편성과 법칙성의 잘못된 유착과 마찬가지로 분리되어야 한다. 그리되면 개인성과 법칙성을 새로이 종합할 수 있는 개념들이 자유로워진다.[13)]

의 형이상학적 장(章)』의 마지막 장인 「개인법칙」에도 나온다. 거기서는 칸트의 윤리학을 비판하는 맥락에서 언급되고 있다는 점이 다르다면 다르다. 그리고 마지막 문장이 1913년의 글에 비해 다음과 같이 약간 길다. "다시 말해 이 논리는 그것이 '최종 목적'을 규정해 주는 우리 자신의 외부에 존재한다."

13) 짐멜은 이러한 분리가 얼마나 어려운가를 잘 인식하고 있다. 1913년에 문화철학 저널 『로고스』에 실린 글 「개인법칙: 윤리학 원리에 대한 시론」을 보면 이 구절에 다음과 같은 구절이 뒤따른다. "이처럼 삶의 이상적 영역에서 실현되는 객관적 당위를 또한 그 자체로 **인식하는** 이른바 기술적 어려움은 누구도 부인하지 않을 것이다. 그러나 만일 당위를 직접적으로 초개인적 가치들로부터 도출한다면, 이 또한 그와 같은 기술적 어려움에 직면하게 된다. 왜냐하면 개인을 초월하는 가치들은 전적으로 연역을 필요로 하기 때문이다. 또는 주관적 양심은 틀리지 않는다고 생각하면서 연역을 재빨리 중단하는 경우에도 똑같이 기술적 어려움에 처하게 된다." Georg Simmel, "Das individuelle Gesetz. Ein Versuch über das Prinzip der Ethik", in: *Georg Simmel Gesamtausgabe 12. Aufsätze und Abhandlungen 1909~18, Bd. 1*, Frankfurt am Main: Suhrkamp, 2001, pp. 417~70, 여기서는 p. 460.

짐멜이 '잘못된 유착'—개인성과 주관성의 그리고 보편성과 법칙성의—과 더불어 일차적으로 그리고 가장 염두에 두고 있는 것은 칸트 윤리학이다. 1913년의 「개인법칙: 윤리학 원리에 대한 시론」을 짐멜은 다음과 같이 칸트에 대한 비판, 좀 더 정확히 표현하자면 그의 '잘못된 유착'에 대한 비판과 더불어 시작하고 있다. "도덕적 현상에 대한 칸트의 해석은 그에게 법칙의 개념과 보편성의 개념이 자명하고 논리적으로 필연적으로 결합된다는 사실에 기초한다. 법칙은 그때그때 구체적인 개인에 대해 **타당해야** 하며 그를 **결정해야** 한다. 그러므로 법칙 그 자체는 개인에 의해 결정될 수 있는 것이 아니라 바로 비개인적이고 보편

만약 삶과 삶의 개인적인 진행 과정의 저편에 고정된 보편적 법칙성만 지양되고 대신 그 자리에 들어서는 것이 객관적 법칙성의 완전한 특성을 지니지 않는다면, 우리는 이것에서 이상적인 또는 실제적인 윤리적 사실성의 적합한 표현을 결코 간파할 수 없을 것이다. 그보다는 오히려 개념적인 법률적 근거로부터 도출된 보편적 법칙이 스스로에 대해 주장하는 바와 같이 모든 주관주의와 모든 무정부주의로부터 멀리 떨어져 있는 개인적 **법칙**만이 문제가 될 수 있다. 그러나 이 두 차원은 서로 어긋날 수 있는바, 이는 눈에 띌 정도로 매우 널리 퍼진 러시아적 삶의 유형을 보면 명백히 드러날 것이다. 러시아의 소설 문학에서—『우리 시대의 영웅』[14]에서 『싸닌』[15]에 이르는—[16] 우리는

타당한 것으로서 개인에 대립된다." 같은 글, p. 417. 잘 알려져 있다시피, 칸트의 『실천이성비판』 제1편 「순수실천이성의 요소론」은 다음과 같은 '설명'과 더불어 시작하고 있다. "실천적 **원칙들**은 의지의 보편적인 규정을 포함하는 명제들로서, 이 규정은 다수의 실천적 규칙들을 갖는다. 이 원칙들은 그 조건이 주체에 의해서 단지 그의 의지에 대해서만 타당한 것으로 간주되는 경우에는 주관적이거나 **준칙들**이다. 그러나 그 조건이 객관적인 것으로, 다시 말해 모든 이성적 존재의 의지에 대해 타당한 것으로 인식되면 객관적 또는 실천**법칙**들이다." Immanuel Kant, *Kritik der praktischen Vernunft: Werke in zehn Bänden, Bd. 6*, Darmstadt: Wissenschaftliche Buchgesellschaft, 1983, pp. 103~302, 여기서는 p. 125: A35~36.

14) 『우리 시대의 영웅』(*Ein Held unserer Zeit*)은 러시아의 미하일 유리예비치 레르몬토프(Mikhail Yurievich Lermontov, 1814~41)가 1840년에 발표한 소설이다. 레르몬토프는 알렉산드르 푸시킨 등과 더불어 러시아의 낭만주의 문학을 대변하는 인물이다. 『우리 시대의 영웅』은 다섯 편의 이야기로 구성되어 있는데, 그 주인공 페초린은 "시적 정신을 갖고 있는 강하고 조용한 사람이다. 그는 고상한 수치심과 군중들, 특히 귀족 떼거리들에 대한 심한 경멸감으로 인하여 속인과

모든 객관적인 것, 모든 실질적인 구속, 한 차원 더 높은 보편적인 것에의 예속을 거부하며 그들의 삶이 근원부터 종착점에 이르기까지 순수하게 개인적인 삶인 수많은 사람을 만난다. 그러나 이 사람들의 의식과 의지는 삶의 개인적 **법칙**에 의해 지배를 받은 적이 거의 없다. 그들은 객관적이고 그들의 개인성의 외부에서 타당한 모든 것을 거부하는

난폭한의 가면을 쓴다. 그는 고귀하고 관대한 정열을 갖고 있지만, 삶은 그에게서 그러한 정열을 경험할 수 있는 모든 기회를 박탈해 버렸다. 그의 황폐화된 마음은 마치 사화산과도 같다. 페초린은 위대한 문학적 세력만을 떨친 것이 아니다. 다시 말해 그는 소설에서는 물론 실생활 속에서도 모방되었다. 페초린을 조롱과 이류의 인물 이상으로 들어올리는 소설의 마법적인 분위기로 인해 그는 가극적인 헐값으로부터 벗어나고 있다. 그것은 정의 내리기 어려운 분위기이다. 아이러니컬하고 비극적이며 동시에 환상적인, 특히 섬세하고 세련된 특질을 갖고 있다. 괴테는 이러한 분위기를 '다이아몬드 같은 것'이라고 불렀다. 소설 이면에 감추어진 비전은 결코 암시되어 있지 않지만, 이러한 분위기는 반드시 나타나 이 비전에 고상한 모습을 부여한다. 이 고상한 모습은(시적인 결점으로부터 완전히 벗어나 있음에도 불구하고) 그것을 단순한 산문소설 이상이 되게 한다. 언어 형식 및 서술 형식의 완벽성과 더불어 이러한 분위기 때문에 사람들은 결코 역설이나 과장됨 없이 『우리 시대의 영웅』을 러시아의 가장 위대한 소설이라고 일컫는 『전쟁과 평화』보다도 더 높이 자리매김한다." D. S. 미르스끼, 『러시아 문학사』, 이항재 옮김, 문원출판, 2001, 193~94쪽.

15) 『싸닌』(*Ssanin*)은 러시아의 미하일 아르치바셰프(Mikhail Artsybashev, 1878~1927)가 1907년에 발표한 소설이다. 멘셰비키 혁명의 실패로 대두된 인텔리겐치아의 허무주의가 반영된 이 작품은 "인간적인 인습과 문화에 대한 경멸이고 원시적인 리얼리티를 제외한 모든 것에 대한 부정이다." 거기에는 윤리와 도덕에서 해방된 개인의 도락과 성적 방종이 담겨져 있다. 아르치바셰프는 이 소설에서 "너 자신에게 진실하고 너의 자연스런 성벽을 따르라"고 설파한다. D. S. 미르스끼, 『러시아 문학사』, 이항재 옮김, 문원출판, 2001, 483쪽.

16) 이 부분은 원래 쉼표로 처리되어 있는 것을 옮긴이가 줄표로 바꾼 것이다.

것이 어떻게든 정당하다고 느끼기 때문에, 궁극적으로 칸트와 모든 보편적-합리적 도덕에 의해서도 주장되는 저 대안의 다른 쪽으로 추락해 버린다. 다시 말해 개인성을 단순히 주관성으로 간주되도록 함으로써 개인성으로 하여금 그 근거를 잃어버리도록 만든다.

나는 앞서 보편적인 윤리법칙은, 그것이 최고도의 형식적인 극단화를 거쳐 정언명령으로 발전한 경우에도, 언제나 그 내용에 의해 확고하게 정의된 개별적인 행위에만 관계될 수 있음을 상술했다. 이러한 내용(이는 물론 진술될 필요는 없고 다만 선한 의지 또는 악한 의지에 의해 지향될 필요가 있을 뿐이다)에 따라서 행위는 그 위에 존재하는 법칙으로부터 개념적으로 입증할 수 있는 가치평가를 받는다. 이와 같은 판단방향에서 중요한 것과 그것을 결정적으로 암시해 주는 것은, 그 판단방향을 아주 쉽게 동요하고 의심스러운 것으로, 단지 주관적으로만 결정되는 것으로 느껴지는 윤리적 영역에 넘기는 것처럼 보이는 객관성이다. 그런데 이러한 윤리적 영역을 규제하는 것은 주체의 통제할 수 없는 내면에서 유래하지 않으며 삶의 활주하는 따라서 개념적으로 거의 고정할 수 없는 흐름에 전혀 관계하지 않기 때문에, 여기서는 윤리적 결정의 **객관성**이 결정된 것으로서 그리고 결정하는 것으로서 나타난다. 마치 이론적인 것에서 어느 한 인식의 보편타당성은 그 인식이 **객관적으로** 진리라는 사실을 의미하듯이, 여기에서 타당성과 인정(認定)의 도덕적 보편성은 삶의 내용들의 **객관적인** 의미와 구성으로 소급된다. 물론 나는 '객관적'이라는 말을 그 어떤 외적인 것과의 관계라고 이해하지 않고, 윤리적 행위의 요소들, 즉 충동과 준칙, 내적 격동 및 인지할 수 있는 결과들—이것들이 실제적인 내용을 표현하는 객관적인 요소들로서 나타나며, 또한 이 객관적 요소들로부터 최고의 구속력을 지니는 규범과의 관계가 논리적으로 도출된다는 사실로 이해한다.

실천적인 내용들의 의미와 관계는 이 내용들이 실현되는 개인으로부터 이념적으로 분리되면 우리에게 특정한 행위방식들의 도덕적 필연성을 보여준다. 이러한 논리는 조건들이 맞는 모든 사람에게 개념적 필연성과 더불어 적용되기 때문에 다음과 같은 결론은 정당화되는 것처럼 보인다. 어느 법칙의 보편타당성이 직접적으로 인지되거나 또는 논리적으로 가능한 것으로 표상되거나 실제적으로 표상되는 경우, 이는 그 법칙이 실천적 세계의 객관적인 내용들로부터 도덕적 필연성을 획득했다는 사실에 대한 표징이다. 실천적 법칙을 가능한 또는 실제적인 보편성에 결부시키는 것이 첫눈에 한 사람에 대한 여러 사람의 폭거나 전형적인 것에 의한 특별한 것의 평균화를 분명히 나타내는 반면, 여기서는 그 어떤 종류의 사회적—또는 슐라이어마허가 칸트를 가리켜 표현했듯이, 정치적—동기화도 존재할 필요가 없고, 다만 실천의 조건들과 내용들이 실천의 개인적 담지자들을 넘어서 개념적으로 표현될 수 있는 이념적 독립성으로 고양될 뿐이다.[17] 그리고 도덕

---

17) 1906년에 출간된 짐멜의 단행본 『칸트와 괴테: 근대 세계관의 역사를 찾아서』(*Kant und Goethe. Zur Geschichte der modernen Weltanschauung*)를 보면, 슐라이어마허가 말하는 칸트의 '정치적 동기화'가 무엇을 의미하는지가 좀 더 명백하게 드러날 것이다. 거기에서 짐멜은 다음과 같이 쓰고 있다. "칸트의 도덕법칙—슐라이어마허가 말한 것처럼—은 '단지 정치적인 법칙'이다. 그의 도덕법칙은, 자연에 대한 사회적 의무에 대해서는 적대적인 태도를 취하면서도 모든

의 논리는 실천의 개인적 담지자들로부터 이 내용들이 전개되어야 **하는** 형식을 발전시킨다.

이렇게 보면 정언명령이 개별적인 행위의 준칙을 위해 요구하는 보편타당성은, 행위가 그 내용이 순수하게 객관적인 의미를 지녀야 비로소 '올바른' 것이 된다는 사실에 대한 징후 또는 인식 표징일 뿐이다. 바로 이것이 칸트가 자신의 공식을 모든 인간에게뿐만 아니라 모든 가능한 이성적 존재에게도 적용된다고 선언하는 의미이다. 그러나 모든 인간에게 적용되는 명령은 궁극적인 형이상학적 절대성에 따라서 보면 어디까지나 개인적인 의미만을 지닐 것이다. 왜냐하면 인류는 개인적인 구성물이기 때문이다.[18] 명령은 그것이 **객관적으로** 타당한 경우에 한해서만 실제로 초개인적인 것이 된다. 다만 칸트가 객관성과 이성 적합성을 동일시하는 것이 정당한가, 그리고 이 이른바 인간적으로 조건지어지지 않은 이성이 어쩌면 아주 인간적-역사적인 산물이 아닌지, 이에 대해서는 논란의 여지가 있는 것이 확실하다. 그런데 이와는 별도로, 이처럼 초개인적이고 삶을 벗어난 행위의 객관적 내용으로

사람과의 공동생활이 가능한 행위를 찾는 인간을 위한 정확하고 빠짐없는 공식을 제공한다. 칸트에게 인간의 외적-내적 이원론은, 이론적인 것 못지않게 실천적인 것에서도 의식의 전면에 위치하며, 이에 대한 그의 해결책은 지속적인 갈등을 고려해야 하는, 말하자면 단지 불안정한 것에 지나지 않는다." 게오르그 짐멜, 『근대 세계관의 역사: 칸트·괴테·니체』, 김덕영 옮김, 도서출판 길, 2007, 65쪽.

18) 이 문장은 "왜냐하면 인류는 개인들로 구성되기 때문이다"라고 읽으면 될 것이다. 그 앞 문장을 고려하면, 짐멜이 개인들을 "궁극적인 형이상학적 절대성"으로 이해한다는 것을 알 수 있다.

부터 유래하는 윤리적 결정이 어떠한 근본적인 실천적 입장—이 실천적 입장은 인간 정신이 취하는 중요하고도 매우 의미심장한 당파성들 가운데 하나이다—[19]에 속하는가는 어떤 경우에도 아주 명백하다.

이러한 윤리적 결정은 다음과 같이 여러 영역에서 볼 수 있는 견해에서 마찬가지로 근본적인 모순을 드러낸다.[20] 먼저 형법에서 행위는 그 내용상 원칙적으로 처벌해야 할 것에 속하기 때문에 처벌하지만—그 자체로서 처벌해야 하는 행위와 본래 무관한 행위의 담지자에 지나지 않는 행위자는 처벌하지 않아야 한다는 견해가 바로 그것이다. 또한 교육학에서 학생들에게 학습자료를 각인하는 것, 즉 학생들이 일정한 양의 객관적 지식을 소유하는 것에 모든 가치를 부여해야 한다는 견해가 바로 그것이다. 이 경우 정신적 학습 과정의 완성이며 모든 학습은—그 기술적인 필요성을 넘어서—궁극적으로 그것의 수단에 불과한 학생들의 '도야'(陶冶)는 고려되지 않는다.[21] 그리고 의학에서 질병을 말하자면 확고하게 정의된 구조물로서 몸 전체의 생동적이고

19) 이 부분은 원래 쉼표로 처리되어 있는 것을 옮긴이가 줄표로 바꾼 것이다.

20) 이 문장에서 "마찬가지로 근본적인"은 그 앞 단락에 나오는 "근본적인 실천적 입장"과 관련된다. 그러니까 이러한 윤리적 결정의 모순은 그것이 속하는 실천적 입장과 마찬가지로 근본적인 것이라는 의미가 된다.

21) 이 문장에서 "도야"(陶冶)는 독일어 'Bildung'을 옮긴 것이다. 이 단어는 원래 '형성하다', '조성하다'의 의미를 지닌 'bilden'에서 유래한 것으로서 교육·교양·학식·문화·도야 등의 의미를 포괄한다. 이 모든 것은 실제적이고 기술적인 것이라기보다 이상적이고 정신적인 것이다.

연속적인 결합관계로부터 분리하여 독단적으로 규정된 수단에 의해 다루는 반면, 그 전체적인 기능에 질병이 밀접하게 연관되는 유기체 전체는 다루지 않아야 한다는—그러니까 질병은 다루지만 환자는 다루지 않아야 한다는—견해가 바로 그것이다.

이처럼 삶의 내용들을 고립시켜 객관화함으로써 그 자체로서 의미가 있고 자족적인 객관성을 부여하는 것은 문화 발전에서 결코 뛰어넘을 수 없는 한 단계임에는 의심의 여지가 없다. 이것은 중요한 영역들에서 다른 방식으로는 어쩌면 도달할 수 없는 인식과 전문적인 가공을 가능케 한다. 그러나 그 이상의 단계도 이 단계와 마찬가지로 불가피한바, 그것은 경직된, 말하자면 실체화되는 이 물화(物化) 과정을 유동하는 관계와 이 관계가 속하는 총체적인 삶의 기능적이고 전체적인 결합관계로 다시 해체하는 것이다. 그러나 이제 이처럼 훨씬 더 요동치고 문제가 많으며 내부에 원래 무한한 요소들을 밀접하게 결합하는 직관 방식에서 순수하고 확고한 객관성을 인식하고 만들어내는 과제가 대두되는데, 이 객관성은—역사적 발전 과정에서—어쩌면 삶의 객관적인 내용들을 개별화하고 테두리를 둘러 경계를 설정하며 개념적으로 고정함으로써 비로소 요구되고 획득될 수 있었다—이는 정신의 세계사에서 가장 포괄적이고 심층적인 모티프 가운데 하나임에 틀림없다.

바로 이것이 이 글에서 논의되는 합리적-보편적 법칙의 도덕에서 개인법칙의 도덕에로의 전회를 전체적으로 결정한다. 물론 나는 무수히 많은 사람에게서 나타나고 그들의 개인적인 삶의 맥락에는 전혀 무관심한 순수한 실천적 사실 내용—이 사실 내용은 개인적 삶의 시간성 내부에서 초시간적인 것이거나 또는 그 시간성과 대립되는 초시간적인 것이다—을 객관적인 법칙에, 그러니까 객관적으로 개별적인 것을 객관적으로 보편적인 것에 예속시키는 윤리적 평가의 중요성, 역량 및 역사적 필연성을 부인하지 않는다. 그런데 여기에서 중요한 것은 이론적으로 불완전한 인식에서 이론적으로 보다 충분한 인식으로의 진보가 아니다. 중요한 것은 오히려—이는 철학 그 가운데서도 특히 윤리학의 본질에 부합한다—일정한 정신사적 단계에 도달했다는 사실인데, 이 정신사적 단계의 기본적 음조와 중심적 입장에게는 도덕적인 것의 발생론적 의미와 연원적 정당성에 대한 전자의 해석이 후자의 해석보다 더 적합한, 아니 '더 참된' 표현이 된다.[22] 객관성의 가치를 개인적 삶이 흐르는 형식으로서의 당위로 확장시키기 위한 논리적 증명 가능성은 고려되지 않는다.[23] 그러나 나는 개인의 고유하고 총체적인 삶에서 태동하여 그에게 적용되는 법칙에는 완전한 객관성을 부여하지 **말아야** 하는 논리적 근거를 알지 못한다. 개인적 삶의 소여

---

22) 이 문장에서 "전자의 해석"과 "후자의 해석"은 각각 이 단락의 맨 앞 문장에 나오는 구절 "합리적-보편적 법칙의 도덕에서 개인법칙의 도덕에로의 전회"를, 그리고 바로 그다음 문장에 나오는 구절 "무수히 많은 사람에게서 나타나고 그들의 개인적인 삶의 맥락에는 전혀 무관심한 순수한 실천적 사실 내용[……]을 객관적인 법칙에, 그러니까 객관적으로 개별적인 것을 객관적으로 보편적인 것에 예속시키는 윤리적 평가"를 가리킨다.

23) 이 문장의 경우에는 맨 앞에 "(일반적으로 철학 그 가운데에서도 특히) 윤리학에서는"이라는 구절을 첨가하여 읽으면 그 의미하는 바가 보다 명확하게 와 닿을 것이다.

성은 모든 주관적인 자의성을 넘어서 아주 엄격하게 당위를 추론할 수 있는 전제조건이다. 다만 이러한 객관성의 양적인 표현은 임의적으로 많은 사람이 아니라 바로 이 개인적 삶에 대해서만 타당성을 갖는다.

일종의 유추를 하자면, 우리는 인간의 내부와 외부가 이른바 형태학적으로 공속(共屬)하는 것에서 개인법칙을 관찰할 수 있다. 우리는 그 어떤 주어진 외적인 것으로부터 한 특정한 내적인 것의 필연성이 그 외적인 것의 기능으로 도출되게끔 만드는 보편적인 법칙을 알지 못한다. 아니 이것은 문제조차 되지 않는다. 그럼에도 불구하고 우리는 둘이 서로 간에 우연적인 것이 아니고 하나의 상존재(常存在)는 다른 것의 상존재(常存在)[24]와 불가피하게 결합되어 있음을 확실히 느낀다—비록 경험적으로 보면 육체와 영혼에 인격 외적인 폭력이 자주 아주 강력하게 그리고 불규칙하게 영향을 끼치기 때문에 육체도 영혼도 모두 순수하게 이 인격적 법칙에 따라 형성되지 않음에도 불구하고 그렇다.

이는 어떠한 의미에서 보면 현상에서는 단지 그 예외들만 만날 수 있다고 괴테가 말한 저 법칙들에 속한다.[25] 비록 인격적 법칙을 공식

24) 이 개념에 대해서는 제3장 각주 2 참조.

25) 이 문장에 나오는 "괴테가 말한 저 법칙들"이란 모든 유기체의 세계에 존재하는 법칙들을 가리킨다. 괴테에 따르면 "현상에서는 예외들만 제시할 수 있는 법칙들"이 지배하는데, 이는 모든 유기체의 원천 현상(근원 현상) 또는 원형이다. Georg Simmel, "Wert des Goethes Leben"(1923), in: *Georg Simmel Gesamtausgabe 20. Postume Veröffentlichungen, Ungedrucktes, Schulpädagogik*, Frankfurt am Main: Suhrkamp, 2004, pp. 11~79, 여기서는 p. 51. 짐멜의 해석

화할 수는 없을지라도 현상에서 만나는 예외들을 넘어서 명백하게 느낄 수 있도록 만드는 것이야말로 개인화하는 초상화 예술의 가장 심오한 과제이다.[26] 그리고 인격적 법칙은 인간 일반이 그러한 것처럼 어떠한 경우에도 명백히 개인적인 것이며 개인의 육체와 개인의 영혼을 필연적으로 결합한다.[27] 마찬가지로 이 내적인 특성들과 외적인 특성들도 함께 어떤 전체에 속한다면 모든 사람에게 적용되는 하나의 공식에 따라 이해될 수 있을 것이다.[28]

그런데 개인법칙의 개념과 관련하여 가능한 한 확고하게 논증할 필요성이 하나 대두되는바, 그것은 개인성의 맨 먼저 떠오르는 의미, 즉 개인의 다름과 독특함, 그러니까 개인의 질적 무비성(無比性)—이것은 여기에서 문제가 되지 **않는다**는 점이다. 문제가 되는 것은 유일성

에 따르면 괴테와 여성들과의 관계에서도 이처럼 현상에서는 예외들만 제시할 수 있는 법칙들이 관찰된다. Georg Simmel, "Goethe und die Frauen"(1912), in: *Georg Simmel Gesamtausgabe 12. Aufsätze und Abhandlungen, 1909~18, Bd. 1*, Frankfurt am Main: Suhrkamp, 2001, pp. 369~73, 여기서는 p. 370.

26) 짐멜에 따르면 렘브란트야말로 이러한 초상화 예술을 구축한 화가이다. 이에 대한 자세한 논의는 다음을 참조할 것. 게오르그 짐멜, 『예술가들이 주조한 근대와 현대: 미켈란젤로 · 렘브란트 · 로댕』, 김덕영 옮김, 도서출판 길, 2007, 제2장(「렘브란트 연구」, 57~113쪽), 제3장(「렘브란트의 예술철학」, 115~48쪽).

27) 인간 일반이 개인적인 것이라 함은 인간 일반, 즉 인류가 개인들로 구성된다는 뜻이다. 이는 이 책 136쪽의 두 번째 단락에 나오는 문장 "왜냐하면 인류는 개인적인 구성물이기 때문이다"와 연결하여 읽으면 짐멜이 말하고자 하는 바가 보다 명백하게 드러날 것이다. 이 문장은 제5장 각주 18에서 설명하고 있듯이, "왜냐하면 인류는 개인들로 구성되기 때문이다"라고 해석할 수 있다.

28) 이 문장에서 "이 내적인 특성들과 외적인 특성들"은 그 앞의 세 번째 문장에 나오는바, 괴테가 말한 법칙들과 예외들을 가리킨다.

이 아니라, 그 형식에서 모든 유기적 삶이 그 가운데에서도 특히 영혼적 삶이 진행되는 고유성, 즉 이 삶이 그것의 고유한 근원으로부터 발전하는 것이다.29) 개인의 개념에 그토록 많은 결함과 불충분함이 결부되어 있다는 사실은, 이 개념의 내용이 빈번하게 개인을 그가 다른 개인들과 공유하는 보편적인 것으로부터 구별시키는 특별한 **차이**에서만 인지된다는 바로 그 사실에 근거한다. 그러나 이러한 분리는 그의 본질적 현존이라는 관점에서 보면 개인과는 전혀 관계가 없다. 개인의 본질적 현존은 오히려 생동하는 통일성으로서, 비교 가능한 또는 비교 불가능한 요소들이 그리로, 그리고 그 안에서 완전히 동등하게

29) 여기에서 용어와 개념에 대한 약간의 설명이 필요하다. 이 문장에서 짐멜이 언급하고 있는 '유일성'(Einzigkeit)이라는 용어는 그의 개인주의 이론에도 등장한다. 그는 개인주의를 '양적 개인주의'와 '질적 개인주의'로 구분하는데, 전자는 달리 '개체성(Einzelheit)의 개인주의', 그리고 후자는 '유일성(Einzigkeit)의 개인주의'라고 부르기도 한다. Georg Simmel, *Grundfragen der Soziologie. Individuum und Gesellschaft*(1917), Berlin: Walter de Gruyter, 1970, p. 95. 그런데 바로 이 단락에서 '고유성'(Eigenheit)이라는 단어가 등장한다. 그것도 개인법칙의 개념을 논하는 맥락에서! 개인법칙에서는 질적 개인주의의 특징인 '유일성'이 문제가 되지 않고 '고유성'이 문제가 된다는 것이 짐멜의 논지이다. 그러나 이는 짐멜이 질적 개인주의의 의미나 가치를 부정하는 것으로 이해해서는 안 된다. 그보다 유일성과 고유성은 동일선상에서 보는 것이 타당할 것이다. 왜냐하면 개인법칙은 질적 개인주의의 윤리법칙이기 때문이다. 개인의 유일성은 궁극적으로 그의 고유성에 근거를 두고 거기로부터 발원하고 형성되어야 한다. 짐멜의 개인주의 이론에 대해서는 다음을 참조할 것. 게오르그 짐멜, 『근대 세계관의 역사: 칸트·괴테·니체』, 김덕영 옮김, 도서출판 길, 2007, 115~28쪽. 그리고 개인주의와 개인법칙의 관계에 대해서는 다음을 참조할 것. 김덕영, 『게오르그 짐멜의 모더니티 풍경 11가지』, 도서출판 길, 2007, 222~79쪽.

결합되며 또한 그런 한에서 내적인 지위의 구별 없이 서로 섞여 짜이게 되고 공동으로 작용한다. 개인은 **총체적** 인간이지 다른 개인들에게도 귀속되는 모든 것을 제거하면 남게 되는 잔여물이 아니다.

물론 어떤 의미에서 보면 질적 유일성을 벗어날 수 없는데, 이는 보다 정확히 말하자면 우리가 바로 다음과 같은 사실을 고수하기 때문에 그렇다. 모든 개별적인 당위는 전체적인 인격을 나타내며 한 개인의 전체적인 삶은 비록 다른 개인들의 삶과 그토록 많은 것을 공통으로 가질 수도 있지만 자신에게서 진정한 이중적 무비성(無比性)을 느낀다. 먼저 한 개인의 삶은 가장 심층적인 인격의 지층에서 자신의 무비성을 느낀다. 다시 말해 각자 개인은 가장 심층적인 지층을 그 누구와도 공유할 수도 없고 그 누구에게도 알릴 수도 없다는 것을 비록 입증할 수 없지만 그래도 반증할 수 없이 느낀다. 이것은 각자 개인이 자기성찰을 함에 따라 자신과 다른 개인들을 이어줄 다리가 없다는 것을 느낄 수 있는 인격적 삶의 질적 고독성이다. 그리고 이처럼 삶의 절대적인 비외연성으로 물러난, 말하자면 점(點)과 같은 개인성 이외에도 우리 실존의 전체적인 범위라는 개인성이 존재한다.[30] 다시 말해 우리 실존의 수많은 개별적인 단편에서는 개인들이 일치할 수도 있지

30) 이 문장은 그 앞의 내용을 고려하면, 다음과 같이 마지막 부분을 보충해서 읽어야 그 의미가 보다 명확하게 드러날 것이다. "그리고 이처럼 삶의 절대적인 비(非)외연성으로 물러난, 말하자면 점(點)과 같은 개인성 이외에도 우리 실존의 전체적인 범위라는 개인성이 존재하는데, 한 개인의 삶은 여기에서도 자신의 무비성을 느낀다."

만—어느 한 삶의 총체적인 과정은 그리고 그 과정의 **모든** 실제적인 외적·내적 규정과 결과들은 결코 두 번 다시 되풀이되지 않는다. 그 내용들이 현실의 보편적 법칙들과 당위적 요구의 보편적 법칙들에게 어떻게든 여지를 줄 수 있는 비교 가능성의 영역들은 말하자면 인격의 중간적인 지층들에 존재한다. 이에 반해 인격의 내적이고 가장 중심적인 것도 인격이 현상적으로 나타난 것 전체도 비교가 불가능한 것의 특징, 즉 단 한번만 존재하는 것의 특징을 지닌다.

그러나 사정이 어떠하든 이것은 여기에서 언급된 당위의 자율성에는 영향을 끼치지 않는다. 왜냐하면—칸트가 원했던 바와 같이—다른 사람들과의 동일성이 당위의 자율성을 조건지을 수 없는 것과 마찬가지로 다른 사람들과의 상이성은 당위의 자율성을 조건지을 수 없기 때문이다. 동일성과 상이성 이 둘은 그런 한에서는 똑같은 영역에 존재한다. 왜냐하면 개인적인 삶의 위에서—아니면 바로 개인적인 삶**으로서**—지붕처럼 둘러싸고 펼쳐지는 당위는 그 내적인 의미상 비교가 어떠한 결과를 초래하든 전혀 상관없이 모든 비교를 넘어서 존재하기 때문이다. 윤리적 행위의 질적인 분화는 겉으로 보기와는 달리 보편적인 법칙의 원리와 결코 대립되지 않는다. 더욱이 각자 개인은 다른 모든 개인과 절대적으로 다르게 행위해야 하는 것을 **보편적인** 법칙으로 생각할 수 있을 것이다(슐라이어마허의 윤리학과 낭만주의 일반의 윤리학은 이러한 방향을 보여준다).[31] 그러나 이와 더불어 비록 추상적일(in

31) 짐멜에 의하면 슐라이어마허와 낭만주의는 괴테 및 니체와 더불어 19세기의 질

적 개인주의를 대변한다. 질적 개인주의의 반대 개념은 18세기의 양적 개인주의인데, 전자가 개인의 독특하고 비교 불가능한 개성과 특성 및 인격을 강조한다면, 후자는 모든 개인의 자유와 평등을 강조한다. 짐멜은 양적 개인주의의 대표적인 이론가로 칸트와 피히테를 꼽는다. 여기에서 단 한 문장으로 처리된, 그것도 단지 괄호 안에서 부수적으로 언급된 슐라이어마허와 낭만주의에 대한 이해를 돕기 위해 나의 짐멜 연구서를 약간 인용하기로 한다(원래 책의 체제를 여기에 맞게끔 조금 변경시켰다).

"낭만주의는 19세기 질적 개인주의의 '가장 광범위한 전파 경로'로서 '감정'과 '체험'의 기초를 닦았다. 낭만주의자들은 '헤르더 이후 처음으로 다시 (그러므로 그에게서 질적 개인주의의 한 원천을 볼 수 있다) 역사적 실재의 특수성과 유일성에 익숙해졌다.' 그들은 '비하되어 온 중세의, 그리고 자유로운 유럽의 활동적인 문화가 경멸한 동양의 정당함과 독특한 아름다움을 깊이 느꼈다.' 이러한 의미에서 노발리스는 '그의 〈한 정신〉이 무한히 많은 낯선 정신으로 변화하기를 원했으며, 그의 정신은 〈그것이 관찰하는 모든 대상에 깃들어 있고, 내적으로 조화를 이루는 다원적인 것에서 동시에 무한한 감정을 느낀다〉고 말했다.'

낭만주의자들은 '자기 자신의 **내적** 역동성 안에서 그 무엇과도 비교할 수 없는 것과 고유권(固有權)을 체험한다. 또한 자기 자신을 구성하는 요소들과 동인들의 예리한 질적 상호 대조를 체험하는데, 개인주의의 이 형식은 **사회**의 구성요소들 사이에서도 역시 이러한 대조를 발견한다.' 또한 낭만주의적 영혼은 '무한한 대립을 느끼는데, 모든 개별적인 대립은 체험되는 바로 그 순간에 절대적인 것, 완성된 것, 자족적인 것으로 나타난다. 그리고 다음 순간에 극복된다.' 낭만주의적 영혼은 '한 사람이 다른 사람과 다른 것을 통해 비로소 모든 사람의 자아를 완전히 향유한다.' 이와 관련해 낭만주의의 정신적 지도자인 프리드리히 슐레겔은 다음과 같이 말한 적이 있다. '그저 한 지점에만 달라붙어 있는 사람은 이성을 지닌 굴에 지나지 않는다.' 그는 또한 개별적 자아는 순수한 절대적 자아로 상승하고 발전할 것을 요구한 피히테에 대하여 다음과 같이 반론을 제기한다. '다름 아닌 개별성이 인간에서 원천적인 것이고 영원한 것이다. 인격은 [절대적 자아라는 의미에서의] 그렇게 소중한 것이 아니다. 개별성의 형성과 발전을 최상의 소명으로 추구하는 것은 신성한 이기주의가 될 것이다.'

낭만주의의 질적 개인주의는 슐라이어마허의 철학으로 연결되어 형이상학적 토대를 획득한다. 그에 의하면, '모든 존재는 세계 존재의 표현이자 거울이며, 또한 모든 개별 인간은 전체 인류의 개요이다. 그렇지만 어디까지나 특별하고

abstracto) 뿐이기는 하지만 외부로부터 주어지는 특정한 행위의 **내용**이 규정될 수도 있기 때문에, 보편법칙은 개인법칙과 근본적으로 다른 법칙이 될 것이다. 개인법칙은 행위 내용들의 동일성과 상이성을 전혀 측량할 수 없는 관계로 그 내용들을 결코 선(先)결정하지 않는다.

그러나 분리는 일반적으로 친숙한 방식과 완전히 다르게 이루어져야 한다. 다시 말해 특별함의 의미에서 동일성 또는 보편성과 개인성 사이가 아니라 삶의 의미에서 내용과 개인성 사이가 분리되어야 한다. 왜냐하면 규범이 행위가 유래하는 곳, 즉 삶으로부터 결정되어야 하는가 아니면 행위가 지향하는 곳, 즉 삶의 이념적인 외부인 내용으로부터 결정되어야 하는가에 모든 문제가 달려 있기 때문이다. 그리고 그것을 명시하는 것이 이 글의 긴요한 과제인 제3의 대안은 전체적으로 다음과 같다. 규범을 그 출발점(terminus a quo)인 삶으로부터 규정하는 것은 이 규범을 자연주의적-사실적 인과성에 가두는 것이 아니고,[32)]

무엇과도 비교할 수 없는 형식에서 그러하다.' 그가 가장 정열적으로 적대한 상대는 모든 사람에게서 '보편적 인간'을 보았던 18세기의 개인주의이다. 슐라이어마허는 이렇게 말한다. '어찌 되었든 한 인간이 되고자 원하는, 그렇지만 이러저러한 특별한 인간이 되는 데 저항하는 사람은 삶 자체에 대해서도 저항할 것이다. 그에게만 고유한 의미, 그리고 그에 의해서만 해결되는 과제가 모든 사람에게 귀속된다.' '비단 인간들의 평등뿐만 아니라 그들의 차이성도 또한 도덕적 요구라는 위대한 세계사적 사고는 슐라이어마허에 의해 하나의 세계관의 주축이 되었다.'" 김덕영, 『게오르그 짐멜의 모더니티 풍경 11가지』, 도서출판 길, 2007, 238~39쪽.

32) 이 구절에 나오는 '자연주의'라는 말과 더불어 짐멜은 특히 서남학파 신칸트 철학의 대표적 이론가 중 한 명인 하인리히 리케르트(Heinrich Rickert, 1863~1936)를 염두에 두고 있는 듯하다. 리케르트는 초월철학적 입장에 기초해 생철

이 삶 자체는 현실적인 삶으로서뿐만 아니라 이상적인 삶, 즉 당위로서도 진행되며, 또한 삶은 윤리적 요구를 그 자신의 외부로부터(그리고 '이성'도 삶의 총체성에 대립하는 그와 같은 외부임이 분명해졌다) 가져올 필요가 없고 그 자신의 고유한 발전 과정으로서, 그러나 현실로서 진행되는 발전 과정에 대해서는 무관심한 채로 그 안에 포함한다.

그러므로 이러한 원리는 보편적인 법칙의 조건이 되는 그와 같은 존재들의 동일성과 보편적인 법칙을 전혀 적용할 수 없게 만든 그와 같은 비동일성에서 똑같이 타당하다. 결과적으로 그 원리는 개인이 실제적으로 정당하든 부당하든 그토록 자주 보편적인 법칙을 기피하기를 좋아하도록 만드는 동기를 완전히 배제한다. 그 누구든지 다른 사람들

학적 문화이론을 강력하게 비판한다. 리케르트의 견해에 따르면 생철학적 문화이론은 문화가치를 삶의 가치라는 토대 위에 구축하고자 시도한다. "그는[리케르트는] 문화의 의미와 가치를 궁극적으로 인간의 삶과의 관계에서 그리고 이 삶의 발전과 고양에 대한 기여에서 찾으려는 일련의 철학적 기도를 자연주의적 또는 생물학주의적이라고 폄하한다. 리케르트의 견해를 따르자면 삶과 문화의 결합은 근대 생물학의 발달에 그 정신사적 연원을 찾을 수 있다. 생물학은 그에 의하면 자연과학으로서, 아니 좀 더 자세히 말해 '육체과학'으로서 인간을 다른 모든 생물체와 동일하게 관찰하고 또한 그렇게 취급한다. 이에 반해 삶이란 그 자체로는 아무런 가치가 없는 것이라고 리케르트는 주장한다. 왜냐하면 '그저 살아가는 사람은 무의미하게 살아가기' 때문이다. 삶은 단지 문화가치의 실현을 위한 전제조건에 지나지 않는다. 문화가치의 실현을 위해서 인간은 삶을 어느 일정한 정도까지 '죽여야' 한다고 리케르트는 단호하게 말한다." 이처럼 리케르트가 보기에 문화를 위해서 반드시 죽여야만 하는 삶이 짐멜에게는 오히려 문화의 전제조건이 되고 토대가 된다. 김덕영, 『게오르그 짐멜의 모더니티 풍경 11가지』, 도서출판 길, 2007, 214쪽. 그러므로 윤리와 도덕의 전제조건이자 토대가 되는 것은 삶 바로 그것이다.

과 정말로 달라야 하고, 그 누구도 보편적인 도식에 속하지 않아야 하며, 다른 모든 사람에게 적합한 경우가 그에게는 적합하지 않아야 한다는 것 등이 바로 그 동기이다. 그러나 이것은 다음과 같은 근거로 이제 더는 타당할 수 없다. 만약 네가 다른 모든 사람과 다르다면, 바로 이러한 연유로 다른 모든 사람에게서와 마찬가지로 너에게서도 이념적으로 이미 밑그림이 그려진 당위가 존재한다. 왜냐하면 이러한 당위는 너 자신의 고유한 삶으로부터 오는 것이지, 보편화의 가능성에 의해 조건지어지며, 따라서 어쩌면 너의 경우를 포함하지 않는 내용으로부터 오는 것이 아니기 때문이다. 개인성과 법칙이 서로 긴장을 일으키는 경우, 개인은 여전히 다음과 같이 말할 수 있다. 법칙은 나에게 맞지 않다. 그것은 **나의** 법칙이 아니다. 그런데 여기에서 자유선택이 가능해지는바, 바로 이러한 자유선택으로 인해 개인법칙이 다음과 같은 기본 가정, 즉 개인성은 주관성이거나 자유선택에 다름 아니라는 가정 위에 근거할 수 있는 모든 가능성이 배제된다. 왜냐하면 현실—개인성이 생동하는 한 형식인—이 객관성을 갖는다면, 개인성이 생동하는 다른 형식인 당위도 그에 못지않게 객관성을 갖기 때문이다.

물론 합리주의적 윤리학은 개인적인 것임이 분명한 행위를 여전히 다음과 같은 방식으로 평가하려고 시도할 수 있을 것이다. 개인적인 삶의 맥락으로부터 연유하는 이 행위의 아주 풍부한 부분내용들과 이 내용들의 모든 규정—이것들 하나하나마다에 대해 합리주의적 윤리학은 하나씩의 보편적인 법칙을 찾아내려고 할 것이다. 그리하면 이 모든 법칙의 공동 작용이나 상호 조정으로부터 그때그때의 확정적인 규범이 도출될 것이다. 다름 아닌 정언명령, 즉 그 추상화 수준이 적어도 원칙상 에토스에 대한 모든 **개별적인** 선험적 규정을 능가하는, 그렇지만 구체적으로 되기 위해서는 특별한 준칙들로 상세히 서술되어야 하는 정언명령이야말로 그 자신 이외에 그 어떠한 행위의 요소도 허용치 않는 범위를 충분히 생각할 수 있도록 만드는 것 같다. 이것은 어느 한 객체의 실제적인 행태를 이 행태의 모든 개별적인 규정에 적용되는 모든 법칙의 작용의 합이나 결과로서 얻어내는 이론과학과 정확한 유비가 될 것이다. 그런데 심지어 가장 간단한 실제적인 객체를 전반적으로 완전하게 결정하는 것도 이러한 방식으로는 결코 가능치 않다는 사실이 언급되어 왔다. 이에 대한 근거로는 그와 같은 객체는 모두 헤아릴 수 없이 많은 특성과 관계를 포함하기 때문에 우리가 정립할 수 있는 그 어떠한 개념의 계열에 의해서도, 따라서 그 어떠한 법칙의 계열에 의해서도 남김없이 나타낼 수 없다는 점이 제시되어 왔다. 요컨대 우리는 무수한 것을 생략하는 일면적이고 특수한 사물의 규정에 만족해야 한다.

일단 이러한 논리만 보더라도 삶의 어느 순간에 대한 윤리적 요구를 삶의 모든 개별적인 요소에 적용되는 보편적인 법칙들로부터 합성하려는 시도도 그 윤리적 요구가 너무나도 복잡하기 때문에 불가능하다는 것을 알 수 있다. 그런데 보다 본질적인 것은 방금 언급한 인식 비판적 사유가 아무래도 여전히 충분치 못하다는 사실이다. 어느 한 실재의 전체를 남김없이 개념적-법칙적으로 확정하려는 시도를 수포로 돌아가도록 하기 위해서는 그 실재를 규정하는 요소들의 **양**(量)이 얼마나 되는지 아는 것으로 **사실상** 충분할 수 있다. **원칙적으로 보면** 전체 요소의 숫자에는 어찌 되었든 그에 상응하는 개념과 법칙의 숫자가 있을 수도 있다. 이에 반해 현실의 **성격**과 우리가 구성하는 개념들의 그것 사이에는 일종의 상위(相違)가 존재하며, 그 결과로 후자는 전자를 말하자면 뒤쫓아 잡을 수 없다. 어느 한 실제적인 사물을 규정하는 요소들은 상호간에 연속성을 지니며 서서히 유동하면서 서로서로 상대방 안으로 이행하기 때문에 우리의 확고하게 정의된 개념들과 그것들이 확장되어 성립된 자연법칙들에 의해 결코 파악될 수 없다. 그럼에도 불구하고 이 둘 사이에 다리를 놓는 인위적인 절차는 정도의 관점에서 보면 일종의 생략일 뿐만 아니라 방식과 형식의 관점에서 보면 일종의 변경이기도 하다.

만약 우리가 개념에 의해 현실적인 것을 지배하기를 원한다면, 우리는(여기에서 논하지 않은 정당함에 근거해) 사물들 내부에서와 사물들 사이에서의 활주와 부단한 상관관계를 명확하게 분리된 다수로 응결시켜야 하고, 연속적인 것을 불연속적으로 만들어야 하며, 관계의 무한한 흐름을 가장 가까운 곳에서 가장 먼 곳에 이르기까지 도처에서 막아야 한다. 그리고 이러한 전환은 살아 있는 것의 개념화와 법칙의 인식이 문제가 되는 경우에 그 요소들을 가장 멀리 분리하는 것은 명백하다. 왜냐하면 살아 있는 것은 그 자신에게 일어나는 변화의 테두리에서 어떠한 방식으로든 지속되는 주체로 표상됨으로써, 이러한 변화들은 특히 완전한 연속성을 획득하며 이러한 의미에서 통일적인 존재를 규정하는 요소들은 단순한 기계장치들에서는 일어날 수 없어 보이는 수많은 친밀한 관계를 보여주기 때문이다. 그리하여 개별적인 결정 요소들을 분리해 내고 고정하는 것이 실제적인 유기체적 존재와 행위의 형식에는 극도로 부적합하게 된다. 그런데 자연과학이, 어쩌면 그 의도와 선험성들을 실재에 대해서 단지 상징적 관계만을 필요로 하는 개념들과 법칙들의 자족적인 제국과 결부시킴으로써 이러한 부적합성에 대해 책임을 질 수도 있다.

그러나 윤리학은 직접적인 삶과 훨씬 더 가까이 있기 때문에 이러한 이론적 유비의 매체를 통해서도 개별적인 내용을 요청하는 '보편적 법칙'의 본질형식이 그 자신의 현실을 이 법칙에 부착해야 하는 삶의 본질형식에 이질적이라는 사실이 드러난다. 그리고 그와 같은 법칙들이 제아무리 많이 누적되어도 역동적이고 다양한 삶을 포착할 수 없다는 사실이 드러나는데—이는 양적인 불충분성에서 유래하는 것이 아니라 삶과 법칙 양자의 근본적인 형식의 상위(相違)에서 유래하는 것이다.

결과적으로 낡은 양식의 객관성은 영혼적 삶 일반의 범주적으로 고유하며 총체적인 형식인 당위의 인식과 더불어 제기되는 요구에 직면해 이와 같은 방식에 의해서도 더 이상 유지될 수 없다. 그러나 영혼적 삶의 이러한 형식은 자신의 다른 모든 형식과 마찬가지로 모든 객관성을 요구함으로써 모든 자의와 불신을 물리칠 뿐만 아니라 또한 실천적 주관주의의 통속적인 관점과 교의적 관점 모두에서 주요한 의미, 즉 최종적인 목표로서의 행복주의적 자기 이해 관심도 물리친다. 왜냐하면 그렇게 규정된 윤리적 삶은 절대로 주체 그 자체로 퇴화하지 않기 때문이다.

예로부터 그와 같은 삶은 자기행복으로 끝날 수 없다고 주장되어 왔는데, 이러한 주장은 이미 다음과 같은 이유만으로도 옳다. 자기행복에서는 행복이 언제나 행위의 **목적**으로 간주되지만 근본적인 윤리적 동기화는 절대로 목적에 의해서가 아니라 그 자신의 고유한 근원으로부터 발생되는 삶에 의해 결정된다(설령 그 진술할 수 있는 **내용들**이 언제나 목적형식에서 표현되어야 한다 할지라도 윤리적 동기화는 궁극적으로 삶에 의해 결정된다). 그리고 다음과 같은 이유로도 그 주장은 또한 옳다. 자기행복은 행위를 뒤로 돌려 주체에 투사시키는 반면, 윤리적 행위는 결코 이처럼 삶 자체를 일그러뜨리는 방향이 아니라 삶 자체가 앞으로 나아가려고 애쓰는 방향으로 진행하며, 따라서 행복주의적 동기의 배제는 이러한 훨씬 더 근본적인 규정의 한 부분일 뿐이다. 게다가 이 근본적인 규정을 보면 다음과 같이 하는 것은 참으로 잘못된 생각일 것이다. 개인적인 삶에서 생겨나며, 개인적인 삶 자체에 근거해, 그러나 이념적으로 개인의 현실적 삶의 상부구조로서 구축되는 요구, 이러한 요구는 그것 자체로서 고찰되는 개별적인 요구내용의 '보편적인' 정당화와 대립되는데—바로 이 요구를 예컨대 개인의 '고유한 인격의 완성'으로 표현하는 것은 잘못일 것이다. 왜냐하면 이 요구는 확실히 객관적인 가치이기는 하지만, 그것도 한 개별적인 당위내용으로서 선험적으로 진술할 수 있는 다른 개별적인 당위내용들과 동일한 정도의 정당성을 지닐 뿐만 아니라 또한 개인적 삶에서 생겨나는 요구를 그의 고유한 인격의 완성으로 표현한다면 거기에는 조금 전에 비난한 소박한 미분화성이 포함되어 있을 것이기 때문이다. 구체적으로 말해 개인적인 삶에서 **유래하는** 이상의 형성은 또한 그 내용과 더불어 개인적인 삶으로 **회귀해야** 한다는 생각이 바로 그 소박한 미분화성이다.

개인적 삶에서 유래하는 이상의 형성은 오히려 그 근원을 부인하지 않고 바로 그 근원에 의해 추진되면서 사회적·이타적·정신적 또는 예술적 틀로 흘러들어 가고 바로 이것들에서 그때그때의 최종 목적을 찾는다. 삶은 수많은 경우에 자기 자신으로부터 멀어지고 자기 자신을 포기함으로써 오직 그 자신의 개인적인 근원으로부터만 자양분을 섭취한 자기 자신의 본원적이고 고유한 이상을 완성한다. 만약 우리가 이것을 단연코 고유한 인격의 완성이라고 부르기를 원한다면, 그것은 단지 칭호에 지나지 않을 뿐 윤리적으로 결정적인 최종 목적이 될 수 없다. 왜냐하면 이 글의 논의를 통해 확인된바 윤리적 재가는 결코 최종점(terminus ad quem)으로부터가 아니라 오직 출발점(terminus a quo)으로부터만, 즉 삶 그 자체와 더불어 앞으로 나아가는 삶 그 자체의 이상으로부터만 올 수 있기 때문이다.

이처럼 에토스에 생명을 불어넣고 에토스를 개인적인 것으로 만드는 것은 모든 이기주의와 주관주의에 그토록 이질적이기 때문에(이는 확실히 내가 그 정당성을 논박하는 사유의 모든 융합과 이 융합의 순진한 독단주의에 정반대로 역행한다), 거기에는 도덕적 요구의 그 어떠한 완화도 수반되지 않을 뿐만 아니라 또한 거꾸로 '경감사유'(輕減事由)의 영역을 오히려 제한한다. 고립되어 고찰하면 용서할 수 있는 죄악이 되는 우리의 수많은 행위는 우리가 우리의 전체적인 현존재가 그러한 행위들을 유발했다는 사실과 이 행위들이 우리의 현존재를 어쩌면 모든 미래에 결정할 것이라는 사실을 명백히 이해하는 경우에야 비로소 전체적인 중량감을 얻는다—이것은 오직 이 개인적인 삶에만 적용될 수 있고 나의 삶과 절대로 동일하지 않은 그 어떤 다른 사람들의 삶으로 일반화하면 전혀 무의미하게 되고 마는 기준이다. 또한 한걸음 더 나아가, 우리는 우리가 어느 기존의 법칙에 순종하거나 순종하지 않는가 여부에 대해 책임을 질 뿐만 아니라 이 법칙이 우리에게 적용된다는 사실에 대해서도 전적으로 책임을 진다. 왜냐하면 기존의 법칙은 어디까지나 우리가 이렇게 저렇게 규정된 사람들이라는 이유만으로 우리에게 적용되기 때문이다. 우리가 이렇게 저렇게 규정된 사람들이라 함은 우리의 존재가 모든 일어난 행위에 의해 어떠한 방식으로든 변화되며 또한 그리됨으로써 우리의 존재로부터 끊임없이 벗어나는 당위 이상 자체를 매 순간 변화시킨다는 사실을 가리킨다. 본래 황량한 니체의 사고, 즉 "너는 너의 이 행위가 영원히 회귀하기를 원할 수 있는가?"[33]—이 황량한 사고 대신에 나는 나 자신의 사고, 즉 "너는 너의 이 행위가 너의 전체적인 삶을 결정하기를 원할 수 있는가?"를 정립하고자 한다. 왜냐하면 우리가 삶을 불연속적인 '행위들'로 잡아 찢는 것을 포기하는 즉시 너의 행위가 영원히 회귀하는 것은 전혀 문제가 되지 않기 때문이다.

당위가 발전하는 이러한 논리는 이론적 가치들이 발전하는 논리와

33) 니체의 영원회귀 이론에 대해서는 이 책 제4장 각주 8 참조.

동일하다. 우리에게 그 어떠한 것이 진리로 간주된다는 사실은 이 순간에 우리가 인정하는 원리들, 방법들 및 경험내용들의 전반적인 복합체에 달려 있다. 그리고 이러한 원리들, 방법들 및 경험내용들이 새로운 인식과 맺는 관계는 진리에 의해 정당화된다. 그러나 무언가 다른 요소가 부가되면 이는 기존 상태를 어떠한 방식으로든 변화시킨다. 그런데 이러한 방식은 순수하게 양적인 것으로 머물게 되는 경우가 거의 없다. 오히려 새로이 부가되는 요소에는 그것을 지금 이 순간의 기존의 기준들에 입각해 받아들이도록 만든 규정들 이외에 그 어떠한 규정들이 포함되는데, 이 규정들도 새로이 부가되는 요소가 다름 아닌 전체로서 받아들여지기 때문에 진리로 간주되며, 또한 그리됨으로써 진리들의 총체성을 어떠한 방식으로든 계속해서 발전시키거나 변화시킨다. 그러므로 그 자신의 정당성을 찾는 그다음 명제는 변경된 기준들의 장(場)과 마주하게 된다. 다시 말해 이는 다음과 같이 원칙적인 공식으로 표현할 수 있다. 모든 인정된 진리는 그 자신이 거기에 근거해 진리로 인정되었던 조건들을 변화시킨다.

아무튼 이러한 논리는 우리의 삶에서 당위가 발전하는 논리에도 똑같이 적용된다. 우리 삶의 흐름에서 그 어떠한 것이 지금까지의 과정, 즉 척도들과 내용들에 의해 형성됨으로써 도덕적 요구로 고양되기 때문에, 이 과정은 그 후에는 더 이상 동일한 것이 아니라 이 윤리적 삶의 그다음 순간에 대해서는 지금 이 순간에 변경시키는 동인이 생성되고 타당성을 지니도록 만든 조건들과 다른 생성과 타당성의 조건들을 제공한다. 물론 이러한 사실은 윤리적 결정의 어려움을 명백히 보여준다. 이에 반해 보편적으로 타당하며 언제나 확고하게 규제하는 법칙의 지배는 윤리적 결정을 쉽게 만드는바, 이는 가부장적인 전제주의 아래에서 삶의 방향을 정하는 것이 자유인의 자율성 아래에서 삶의 방향을 정하는 것에 비해 쉬운 것과 마찬가지이다. 삶의 유동적인 형성이 당위로서 등장함으로써, 그리고 요구의 절대적인 것이 이러한 의미에서 역사적인 것이 되며 이 역사적인 것이 절대적인 것이 됨으로써, 규범의 엄격함은 윤리학이 지금까지 인간의 책임을 유일하게 찾았던 지층으로 깊이 내려간다. 인간이 실제로 기존의 당위에 따라서 행위하느냐 아니냐의 여부가 바로 그 지층이다. 그러나 이것은 충분하지 못하다. 왜냐하면 당위는 이미 우리 자신의 고유한 삶(이상성의 범주 아래의)이며, 또한 이에 상응해 실재성의 범주 아래에서 그러한 것처럼, 지금까지 살아온 삶의 모든 순간이 모든 현전적(現前的)인 당위를 함께 형성했고 함께 조건지었기 때문이다.

칸트의 의무윤리에서는 인간이 단지 그의 행위에 대해서만 책임을 진다. 의무는 그에게 주어지며, 그는 의무를 확고부동한 것으로 간주하고 그것을 따르거나 따르지 않는다. 그러나 의무의 내용은 그의 결정을 벗어난다. 이로써 엄청나게 더 어려운 책임, 즉 이 특정한 것을 의무로 설정하는 것에 대한 책임—이 책임을 인간은 면한 것으로 보인다. 우리가 그저 따라가기만 하면 되는 정언명령의 논리는 우리에게 도덕적인 것의 창조성과 그 위험 및 책임을 부여하지 않는다. 칸트는 행위를 그것의 내적으로 완결되고 오직 스스로에만 집중하는 내용이 지니는 가치의 관점에서만 고찰하기 때문에(사실상 신념에 대한 그의 배타적인 평가도 그 대상이 되는 그때그때의 행위를 원자화하면서 수행된다), 삶 전체가 불연속적인 개별사항들의 합이 된다. 그러나 이는 피부로 느껴지는 삶의 현실을 충족시키지 못하기 때문에, 그리고 삶의 비약 없는 통일성은 어떠한 방식으로든 발언할 기회를 얻고자 원하기 때문에, 행위는 불가피하게 '순수자아', 즉 변화와 다양성을 초월하는 내용적 엄밀성 또는 기능으로 물러난다. 순수자아는 그 각각이 자기 책임적인 총체성을 구성하는 개별적인 행위들의 단순한 연속관계를 기술하는 전기(傳記)의 상관개념이다.[34]

이러한 칸트의 견해에 대해 다음과 같은 나의 견해가 대립된다. 나는 삶을 공허한 과정으로서의 자아와 내용으로 충만한 개별적인 행위

---

34) 짐멜은 1908년에 발표한 「괴테와 칸트의 도덕적 세계관에 대하여」(Über Goethes und Kants moralische Weltanschauung. Aus einem Vorlesungszyklus)에서 다음과 같이 말하고 있다. "칸트가 표상하는 도덕적 인간은 때로 도덕적이고 때로 비도덕적인 행위의 합에 지나지 않는다. 도덕적 인간의 '인격'—칸트가 매우 힘주어 강조하기를—은 오로지 윤리적 가치의 양(量)에 따라 구별되는 개별적 행위들의 순전히 형식적인 담지자이다. 인격의 가치, 그리고 심지어 인격의 정도는 개별적 행위의 총합과 일치한다. 모든 인격은 그것 자체로 평가할 수 있으며, 따라서 다른 인격에서 분리할 수 있다. 그렇다고 개별적 인격이 행위에 대해 의미를 지니는 동인으로서, 또는 행위의 배후에서 가시화되거나 고려되는 일은 결코 없다. 인간은 자신이 그때그때 하는 행위이자 이를 통해 해석된 가치의 양에 지나지 않는다. 인격은 단지 '활동과 성취'의 테두리일 뿐이다. 따라서 이 테두리 저편에서 인격은 어떤 실재도, 어떤 색채도, 그리고 자체적으로 존재하는 어떤 의미도 갖지 못한다. 칸트는 행위를 강조하고 그 가치를 평가하는데, 이유는 개별적 행위와 더불어 인격은 어떤 것이 되기 때문에, 더 정확하게 표현하자면, 결국 어떤 것이 되기 때문이다." 게오르그 짐멜, 『근대 세계관의 역사: 칸트·괴테·니체』, 김덕영 옮김, 도서출판 길, 2007, 96쪽.

들로 분해하지 않고, 삶은 변화하는 내용들에서 표현된다는, 또는 더 정확하게 말하자면 내용들이 체험되고 행해짐으로써 표현된다는 사실에서 직접적으로 삶의 통일성의 형식을 본다. 그러므로 전체적인 삶은 모든 행위에 대해 책임이 있고 모든 행위는 전체적인 삶에 대해 책임이 있다. 그리고 내용들은 체험된 내용으로서 연속적이다. 왜냐하면 각각의 내용은 모두 삶이 그리로 고양되는 그때그때의 정점일 뿐이기 때문이다. '행위는 존재를 따른다'라는 명제와 더불어 '존재는 행위를 따른다'는 명제도 타당하다.[35] 각각의 행위는 모두 우리의 행위 일반이 치솟아 오른—더 이상 정의할 수 없는—근원에 반응한다. **그러므로 이미 모든 개별적인 행위의 당위성에 우리의 전체적인 삶의 역사에 대한 책임이 존재한다**.

이로써 연속적인 삶의 이미지는 이제 여기에서 동등한 것으로 주장된 그 두 형식에서 완결된다. 만약—내가 말했던 바와 같이—[36] 삶

35) '행위는 존재를 따른다'(Operari sequitur esse)—이 명제는 토마스 아퀴나스나 프란시스코 수아레스(Francisco Suárez, 1548~1617) 등 스콜라 철학자들이 사용한 것인데, 아르투어 쇼펜하우어(Arthur Schopenhauer, 1788~1860) 등의 철학자들에 의해 인간의지의 자유를 설명하는 데 적용되었다. 여기에서 존재란 구체적으로 행위자의 의지, 성격 또는 동기를 가리킨다. 이에 대해서는 다음을 참조할 것. 아르투어 쇼펜하우어, 『의지와 표상으로서의 세계』, 곽복록 옮김, 을유문화사, 1994(원제는 Arthur Schopenhauer, *Die Welt als Wille und Vorstellung*), 특히 177쪽. 여기에서 짐멜은 '행위는 존재를 따른다'(Operari sequitur esse)라는 명제를 완전히 거꾸로 뒤집어 '존재는 행위를 따른다'(Esse sequitur operari)라는 명제로 재구성해 그 자신의 견해를 뒷받침하는 데 사용하고 있다.

36) 이 부분은 원래 쉼표로 처리되어 있는 것을 옮긴이가 줄표로 바꾼 것이다.

은 그때그때 전체적인 삶으로서 그 자신의 그때그때의 순간이라는 형태를 가지며, 또한 이 순간들의 완전한 내용적 대립은 통일적인 삶이한 인격적 삶을 전체적으로 표현하는 데 방해가 되지 않는 사실과 모든 행위가 '삶 바로 그것'이라는 사실에 삶의 통일성의 그 어디에도 비길 데 없는 방식이 존재한다면—그렇다면 전체적인 과거가 현재의 당위에 포함되어서 그것을 조건짓는다는 사실은 이를 달리 표현하는 것일 뿐이다. 그리고 만약 우리가 공식화할 수 있는 법칙으로 우리와 마주하는 모든 개별적인 당위성에서 우리는 총체적 인간으로서 특정한(비록 법칙과 똑같이 공식화할 수 없지만) 방식으로 행위해야 하기 때문에 이 개별적인 경우에 이렇게 행위해야 한다는 것을 느낀다면, 이는 또다시 다른 차원으로 확장되는 다른 표현일 뿐이다.

당위에서도 전체가 부분을 결정하고 전체는 부분에서 생동한다. 아마도 이러한 그때그때의 개인적-보편적 법칙은 개념적으로 확정할 수 없을 것이다. 개념적으로 확정할 수 있는 것은 단지 이 법칙이 개별적인 소여성 및 상황과 맞부딪치면서 생겨나는 특수한 규정들뿐이다. 그러나 그렇다고 해서 개인의 윤리적인 총체적 행위를 지배하는 이 법칙이 현실영역에서 그것에 대응하는 것보다 덜 타당하거나 덜 유효한 것은 아니다. 현실영역에서 이 법칙에 대응하는 것은 구체적으로 말해 한 인격의 말로 다 형용키 어려운 스타일과 리듬, 주어진 요소들을 통해 야기된 그 인격의 모든 표현을 틀림없이 바로 **그 인격에** 속하는 무엇으로 만드는 그 인격의 근본적인 제스처를 가리킨다. 비록 우리가 이러한 사실을 결코 순수하게 파악할 수 없고 다만 언제나 실제적-개별적인 행위를 통해서만 그리고 이 행위를 형성하는 힘으로서만 파악할 수 있을지라도, 우리는 그것에 의해서 개인의 존재를 가장 심층적으로 규정하는 것이 명백하게 드러남을 알 수 있다. 이에 상응해 개인적 인격의 당위 전체는 이 인격이 그때그때 따라야 하는 당위를 절대적으로 결정한다는 사실은, 삶이 모든 순간에 자신의 총체성이 된다는 사실의 윤리적 표현일 뿐이다. 이런 식으로 보면 다음의 두 가지 측면이 동시에 고려될 수 있다. 윤리적 상황과 진화의 모든 다양성이 고려되며, 또한 그와 더불어 보편법칙들의 윤리학이 오직 도덕적 가치영역의 그 어떠한 **내용들**의 시간적으로 끝까지 변하지 않는 기계적 영속성에서만(게다가 보편법칙의 순수한 **형식**은 이러한 의미에서 보면 여전히 내용이며 또한 내용으로 전환되어야 한다) 획득할 수 있다고 주장한 도덕적 요구의 통일성, 항구성 및 결과가 고려된다.

결론적으로 '개인법칙'(그런데 여기에서 의미하는 바를 개인법칙이라는 슬로건으로 또는 다른 슬로건으로 표현하든 그것은 매한가지이다)은 당위 일반의 방향을 뒤바꾸고, 당위를 삶의 내용이 아니라 삶의 과정에서 유래하도록 만든다는 사실에 기초해, 당위는 그 규범적 요구를 말하자면 두 가지 차원에서 칸트가, 아니 본래 도덕철학 전체가 설정한 범위를 넘어서 확장한다. 먼저 변화하는, 그 의미상 유일무이한, 삶의 연속성에서 아무런 경계도 없이 활주하는 모든 것은 기존의 법칙에 예속되지도 않고 보편적 법칙에 개념적으로 승화되지도 않는다—이 모든 것은 스스로에 대한 당위를 발견한다. 왜냐하면 당위 자체는 삶이면서 삶의 연속적인 형식을 보지(保持)하기 때문이다. 그리고 규범적 요구는 최종적이고 경직된 것으로서 삶과 대치하는 것이 아니라는 바로 그러한 이유로, 우리가 이전에 행한 것이나 이전에 마땅히 했어야 하는 모든 것은 우리의 윤리적-이상적 삶이 그때그때 마땅히 해야 하는 것의 파고로 고양되는 조건이다. 마치 어느 살아 있는 존재의 모든 맥박이 그의 모든 지나간 맥박에 의해 조건지어지듯이, 이 과정에서도 아무것도 없어질 수 없다. 이 과정은 행위뿐만 아니라 모든 순간의 당위도 우리가 이전에 존재했던 모든 것, 행했던 모든 것, 그리고 마땅히 해야 했던 모든 것의 상속자이자 책임의 담지자로 만든다. 이렇게 해서 칸트 윤리학에서 융합된 요소들—이 요소들의 융합에 대해서는 이 연구에서 그토록 자주 언급되었다—[37]의 분화가, 말하자면 해방이 비로소 실현된다. 칸트 윤리학에서는 이상적-규범적인 것이 아니라 오로지 **현실적인** 것만이 개인적일 수 있으며, 개인적인 것이 아니라 오로지 **보편적인** 것만이 법칙적일 수 있다—이 먼 길을 통해 이러한 결합이 분리되어서 개인성과 법칙성의 결합이 실현될 수 있었던 것이다.

37) 이 부분에는 원래 줄표가 없는데 옮긴이가 추가했다.

해제

개인의 독립과 주권을 위한 철학적 성찰[1)]

1. 머리말

게오르그 짐멜의 연구사를 논할 때 반드시 짚고 넘어가야 할 학자가 한 명 있다. 바로 오랜 기간 베를린 대학에서 철학교수로 재직한 미하엘 란트만(Michael Landmann, 1913~84)이다. 란트만은 전후(戰後) 그사이 거의 잊혀져버린 짐멜과 그의 주변 인물 등에 관한 많은 글을 쓰고 그의 저술과 서신 및 그를 회상하는 글 등을 편집함으로써 오늘날 짐멜 연구와 짐멜 르네상스의 초석을 다졌다. 그는 '짐멜 연구의 네스트

1) 이 해제는 다음을 수정·보완한 것이다. 김덕영, 『게오르그 짐멜의 모더니티 풍경 11가지』, 도서출판 길, 2007, 267~76, 532~36쪽.

로'라고 할 수 있다.[2)] 란트만은 1968년 짐멜의 여러 글을 모아 책을 펴내고 서문을 썼다. 이 책에는 역사철학, 사회학, 종교와 사회, 이방인, 사회학적 미학, 배우의 철학, 손잡이, 예술철학, 문화철학, 개인법칙 등 다양한 주제의 글이 실려 있는데, 란트만은 그 제목을 굳이 『개인법칙: 철학적 담론』(*Das individuelle Gesetz. Philosophische Exkurse*)이라고 붙였다. 그는 이에 대한 이유를 '개인법칙'은 짐멜 철학의 핵심 개념이기 때문이라고 밝히고 있다.[3)]

그렇다!

란트만이 말한 대로 개인법칙—곧 상론하게 되는 바와 같이 이는 논의의 문맥에 따라 개체법칙으로 읽어야 할 때도 있다—은 짐멜 철학의 핵심 개념이다. 개인법칙이 짐멜 철학에서 차지하는 위치와 의미는 정언명령이 칸트 철학에서, 그리고 힘에의 의지와 초인이 니체 철학에서 차지하는 위치 및 의미와 비견될 수 있을 것이다. 짐멜이 보기에 개인법칙은 근대 이후 인간 정신과 개인적 삶과 행위를 규정짓는 원리이자 법칙이다.

---

2) Klaus Christian Köhnke, "Simmel ohne Landmann?", in: Georg Simmel, *Das individuelle Gesetz. Philosophische Exkurse*(Herausgegeben und eingeleitet von Michael Landmann), Frankfurt am Main: Suhrkamp, 1987(Neuausgabe; Zuerst 1968), pp. 256~75, 여기서는 p. 256. 란트만이 짐멜과 관련해 쓴 글과 편집한 것의 전체 목록은 같은 글, pp. 274~75에서 볼 수 있다.

3) Michael Landmann, "Nachweise", in: Georg Simmel, *Das individuelle Gesetz. Philosophische Exkurse*(Herausgegeben und eingeleitet von Michael Landmann), Frankfurt am Main: Suhrkamp, 1987(Neuausgabe; Zuerst 1968), pp. 254~55, 여기서는 p. 254.

이 해제는 일곱 부분으로 나누어 진행하기로 한다. 첫째, 개인(체)법칙의 형성사를 살펴보기로 한다. 둘째, 윤리학의 영역에서 짐멜이 칸트의 정언명령에서 개인법칙으로 넘어가는 과정을 살펴보기로 한다. 셋째, 짐멜의 개인법칙이 연속적으로 흐르는 통일적 삶과 총체적 인간으로서의 개인에 정초됨을 살펴보기로 한다. 넷째, 짐멜이 개인성과 법칙성을 결합하고 개인적인 것과 객관성을 결합함으로써 개인법칙의 논리를 구축하는 과정을 살펴보기로 한다. 다섯째, 개인법칙의 전형적인 구현으로서의 예술가에 대해 살펴보기로 한다. 여섯째, 예술작품의 법칙인 개체법칙에 대해 살펴보기로 한다. 일곱째, 짐멜의 개인법칙은 현대인에게 주어진 정언명령— '인격이 되라'는 정언명령!—이라는 결론을 내리면서 논의를 맺기로 한다.

2. 개인(체)법칙의 형성사

짐멜의 저술에서 개인법칙은 이미 1900년대 초에 등장한다. 예컨대 1902년에 발표된 논문 「로댕의 조각과 현대정신의 지향성」(Rodins Plastik und die Geistesrichtung der Gegenwart)을 보면 개인법칙은 "일체의 단순한 보편화에서 해방되어 자유롭고 한결같이, 하지만 동시에 법칙의 존엄함, 광대함 및 단호함을 견지하면서 순전히 개인적인 삶을 형성하는 것을 의미한다."[4)]

4) 게오르그 짐멜, 「로댕의 조각과 현대정신의 지향성」, 『예술가들이 주조한 근대

그 후 1909년에 발표된 「로댕의 예술과 조각에서의 운동 모티프」(Die Kunst Rodins und das Bewegungsmotiv in der Plastik)에서 "개인성의 게르만적-렘브란트적 형식"과 관련해 개인법칙이 간단히 언급되고 있다. 이 형식은 "확고한 윤곽을 가진 개인과 이 유일자의 개인법칙을 종결시키는 관계로, 더 확고하고 지속적이며 요동하지 않는 핵심과 범위를 갖는다."[5] 그리고 1914~15년에 발표된 「렘브란트 연구」(Rembrandtstudie)에서도 짐멜은 렘브란트 예술의 형식을 개인법칙과 연결하고 있다. "사람들은 렘브란트의 '형식의 결여'를 비난했는데, 형식을 보편적 형식과 아주 자연스럽게 동일시했기 때문에 그렇다. 이는 도덕적인 것에서 법칙을 보편법칙과 동일시하는 것과 같은 종류의 오류이다. 사람들은 개인적 현실에는 보편법칙 이외에도 개인법칙 또한 상응할 수 있다는 사실을 생각하지 못한다. 개인법칙이란 오직 개인적 현실의 전체적이고 특별한 존재에 대해서만 타당성을 지니는 이상을 가리킨다. 렘브란트가 만들어내는 형식은 개인의 삶 바로 그것에 상응하며, 또한 이 삶과 더불어 살고 죽는다. 달리 표현하자면 그의 형식은 개인의 삶과 일종의 연대를 이루는바, 연대란 형식에 대해 그것을 초월해서 다른 특수화를 용인하는 그 어떠한 타당성도 허용하지 않

와 현대: 미켈란젤로 · 렘브란트 · 로댕』, 김덕영 옮김, 도서출판 길, 2007, 149~63쪽, 여기서는 154쪽.

5) 게오르그 짐멜, 「로댕의 예술과 조각에서의 운동 모티프—뫼니에에 대한 머리말과 더불어」, 『예술가들이 주조한 근대와 현대: 미켈란젤로 · 렘브란트 · 로댕』, 김덕영 옮김, 도서출판 길, 2007, 165~91쪽, 여기서는 186쪽. 번역서에는 '개별성'이라고 되어 있는 것을 여기서는 '개인성'으로 바꿨음을 일러둔다.

는 것을 가리키는 말이다."[6]

그러나 짐멜이 개인법칙을 독립적인 연구의 주제로 삼고 체계적인 논의를 시도한 것은 1913년 문화철학 저널 『로고스』에 실린 「개인법칙: 윤리학 원리에 대한 시론」(Das individuelle Gesetz. Ein Versuch über das Prinzip der Ethik)에서다. 이 글은 그 후 확대되어 1918년에 출간된 『인생관: 네 개의 형이상학적 장(章)』(*Lebensanschauung. Vier metaphysische Kapitel*)의 제4장을 구성하게 된다.[7] 이 책의 나머지 세 장은 각각 「삶의 초월성」(Die Transzendenz des Lebens), 「이념으로의 전회」(Die Wendung zur Idee), 「죽음과 불멸성」(Tod und Unsterblichkeit)이다.

그리고 1917~18년 짐멜은 역시 『로고스』에 「예술작품에서의 법칙성」(Gesetzmässigkeit im Kunstwerk)이라는 논문을 게재하는데, 이 글에서 말하는 법칙성이 바로 'Das individuelle Gesetz'이다. 그런데 이 법칙은 예술작품과 관계되는 법칙이기 때문에 개인법칙보다 개체법칙이라고 부르는 것이 적합할 것이다. 개인법칙은 어디까지나 인간의 삶과 행위에 관계되는 법칙이기 때문이다.[8]

---

6) 게오르그 짐멜, 「렘브란트 연구」, 『예술가들이 주조한 근대와 현대: 미켈란젤로·렘브란트·로댕』, 김덕영 옮김, 도서출판 길, 2007, 57~113쪽, 여기서는 89~91쪽(여기에서 인용문이 세 쪽에 걸쳐 있는 것은 90쪽 전체가 옮긴이주에 할애되어 있기 때문이다).

7) 『게오르그 짐멜 전집』(*Georg Simmel Gesamtausgabe*)에 실린 것을 비교해 보면 전자는 54쪽인 반면 후자는 80쪽에 달한다. 전자는 전집 제12권, pp. 417~70에, 그리고 후자는 제16권, pp. 346~425에 실려 있다.

8) 옮긴이는 앞의 책(2007)에서 개인법칙과 개체법칙을 구분하지 않고 모두 개인법칙이라고 표현했는데, 논의의 맥락에 따라 이 둘을 구분하는 것이 논리적으로 타

3. 정언명령에서 개인법칙으로

개인법칙이라는 개념은 통상적인 관념에서 보면 형용의 모순이자 논리의 모순이다. '개인' 또는 '개체'(Individuum)와 '법칙'(Gesetz)은 결합될 수 없다. 왜냐하면 법칙은 이미 개인적인 것 또는 개체적인 것을 초월하는 일반적인 것 또는 보편적인 것을 의미하기 때문이다.

짐멜은 이러한 법칙의 논리가 이론적-과학적 영역에서 타당하다는 점을 인정한다. 예컨대 물체의 운동에 관한 법칙은 개별적 물체가 아니라 모든 물체에 보편타당하게 적용된다. 그렇지 않으면 법칙이 될 수 없다. 이처럼 이론적-과학적 영역에서는 법칙의 개념이 보편성의 개념과 결합된다. 그러나 짐멜은 실천적-윤리적 측면에서는 이론적-과학적 측면에서와 달리 개인법칙이 가능하며 또한 유의미하다는 입장을 견지한다. 그가 보기에 개인법칙은 한걸음 더 나아가 근대 이후 인간 정신의 심층적 본질이자 특징이다. 개인법칙은 논리적으로 개인성과 법칙성이 결합된 것이다.

짐멜은 1913년에 나온 논문 「개인법칙: 윤리학 원리에 대한 시론」을 칸트에 대한 비판에서 시작하는데, 그 이유는 칸트 윤리학에서 법칙 개념과 보편성 개념의 결합이 가장 전형적으로 나타나기 때문이다. 이에 부합해 이 논문은 개인성과 법칙성이 결합된 개인법칙을 통해 칸트를 극복할 수 있다는 확신과 더불어 끝난다. 이에 반해 1918년에 출

당하다.

간된 『인생관: 네 개의 형이상학적 장(章)』에서는 삶의 형식으로서의 현실과 당위에서 논의가 시작된다. 이는 그 이전보다 생철학적 관점이 강화되었기 때문이다. 그런데 여기에서도 그 이전과 마찬가지로 개인성과 법칙성이 결합된 개인법칙을 통해 칸트를 극복할 수 있다는 확신과 더불어 논의가 끝난다. 다만—곧 보게 되겠지만—칸트와 관련된 언급에 약간 차이가 날 뿐이다. 이는 두 글의 논리전개 과정을 감안하면 지극히 자명한 일이다.

아무튼 짐멜은 「개인법칙: 윤리학 원리에 대한 시론」의 첫 문단을 다음과 같이 장식하고 있다.

> 도덕적 현상에 대한 칸트의 해석은, 그에게 법칙의 개념과 보편성의 개념이 자명하고 논리상 필연적으로 결합된다는 사실에 근거한다. 법칙은 개별적이고 구체적인 개인에 대해 **타당해야** 하며 이 개인을 **결정해야** 한다. 그러므로 법칙 자체는 개인에 의해 결정될 수 있는 것이 아니라 비개인적이고 보편타당한 것으로서 개인과 대립할 수밖에 없다.[9)]

이처럼 칸트 윤리학에서 법칙은 개인에 대해 무관심하다. 전자에게 후자는 중요치 않다. 중요한 것은 어디까지나 법칙이 개인에 상관없이

9) Georg Simmel, "Das individuelle Gesetz. Ein Versuch über das Prinzip der Ethik" (1913), in: *Georg Simmel Gesamtausgabe 12. Aufsätze und Abhandlungen 1909~18, Bd. 1*, Frankfurt am Main: Suhrkamp, 2001, pp. 417~70, 여기서는 p. 417.

타당성을 지닌다는 점이다. 이러한 칸트의 도덕법칙은 정언명령으로 이어진다. 주지하다시피 정언명령이란 개인의 경험적 삶을 초월하는 동시에 이를 통해 개인적 주체의 행위를 근거지우고 정당화시키는 보편타당한 윤리적 기제이다.

짐멜에 따르면 칸트 윤리학에서 법칙이 개인에 대해 무관심한 것은 그가 자연과학과 법에서 법칙개념의 원형을 취했기 때문이다. 양자의 경우 법칙은 절대적으로 타당하며, 따라서 개별적인 현상이나 행위는 보편적인 것으로부터 분리되어 스스로를 결정하는 원천이 될 수 없다. 자연과학에서는 법칙이 개별적인 사건들의 실제적 진행 과정의 공식화를 의미하기 때문에 그렇고, 시민법에서는 법률이 자체적으로 사회질서를 위해 개인이 어떻게 행위할 것인가를 명령하기 때문에 그렇다. 칸트의 정언명령은 한편으로는 기계론적 자연법칙의 논리적 구조를, 그리고 다른 한편으로는 법규의 논리적 구조를 지닌다.[10] 칸트 윤리학은 18세기 합리주의의 전형적인 철학적-실천적 구현이었다.

이처럼 법칙과 보편성이 결합되는, 그리하여 개인성을 보편적 법칙에 예속시키는 칸트의 합리주의적 윤리학은 18세기에 지배적 윤리학의 지위를 차지하였다. 그러나 19세기에 들어오면서 개인성과 법칙성 사이에 갈등이 일어났고, 그 결과 개인법칙에 대한 열망이 생겨났다. 이와 관련해 짐멜은 「로댕의 조각과 현대정신의 지향성」(1902)에서 다음과 같이 주장한다.

---

10) 같은 글, p. 425.

19세기의 가장 커다란 내적 어려움은 개인성과 법칙성 사이의 갈등에서 기인했다. 개인은 유일성과 자기 자신에 근거한 특수성을 포기할 수 없으며, 우리가 법칙성이라고 명명하는, 그의 행위의 내적 필연성도 포기할 수 없었다. 그러나 양자는 양립할 수 없는 것처럼 보였다. 왜냐하면 자연과학과 법의 영역에서 구성된 우리의 법칙개념은 언제나 보편성을 포함하기 때문이다. 개별적인 것에 대해 무차별적이고 각 개인을 누구에게나 타당한 규범에 예속시킨다. 그러므로 내적인 영역과 외적인 영역 모두에서 개인법칙이라고 부를 수 있는 것에 대한 갈망이 일어난다.[11)]

개인법칙이란—방금 위에서 인용한 내용을 다시 한 번 강조하자면—"일체의 단순한 보편화에서 해방되어 자유롭고 한결같이, 하지만 동시에 법칙의 존엄함, 광대함 및 단호함을 견지하면서 순전히 개인적인 삶을 형성하는 것을 의미한다." 19세기에 일어난 개인법칙에 대한 갈망의 대표적인 예로는 니체의 철학을 꼽을 수 있다. 니체의 철학은 칸트의 철학에 반기를 들면서 개인과 그의 인격, 법칙, 숭고함 그리고 개인들 사이의 차이와 거리를 '권좌'에 앉히려는 지적 시도이다. 그것은 합리적-보편적 법칙의 도덕에서 개인법칙의 도덕에로의 전환

11) 게오르그 짐멜, 「로댕의 조각과 현대정신의 지향성」, 『예술가들이 주조한 근대와 현대: 미켈란젤로 · 렘브란트 · 로댕』, 김덕영 옮김, 도서출판 길, 2007, 153~54쪽. 번역서에는 '개별성'이라고 되어 있는 것을 여기서는 '개인성'으로 바꿨음을 일러둔다.

이다.[12)]

12) 여기에서 반드시 강조하고 넘어가야 할 것은 짐멜이 합리적-보편적 법칙의 정신사적 의미를 결코 간과하지 않는다는 사실이다. 그는 다음과 같이 합리적-보편적 법칙의 도덕과 개인법칙의 도덕이 각각 그에 상응하는 정신사적 발전단계를 반영하는 윤리학적 개념임을 강조한다.
"물론 나는 무수히 많은 사람에게서 나타나고 그들의 개인적인 삶의 맥락에는 전혀 무관심한 순수한 실천적 사실 내용—이 사실 내용은 개인적 삶의 시간성 내부에서 초시간적인 것이거나 또는 그 시간성과 대립되는 초시간적인 것이다—을 객관적인 법칙에, 그러니까 객관적으로 개별적인 것을 객관적으로 보편적인 것에 예속시키는 윤리적 평가의 중요성, 역량 및 역사적 필연성을 부인하지 않는다. 그런데 여기에서 중요한 것은 이론적으로 불완전한 인식에서 이론적으로 보다 충분한 인식으로의 진보가 아니다. 중요한 것은 오히려—이는 철학 그 가운데서도 특히 윤리학의 본질에 부합한다—일정한 정신사적 단계에 도달했다는 사실인데, 이 정신사적 단계의 기본적 음조와 중심적 입장에게는 도덕적인 것의 발생론적 의미와 귀속성에 대한 전자의 해석이 후자의 해석보다 더 적합한, 아니 '더 참된' 표현이 된다. [일반적으로 철학 그 가운데에서도 특히 윤리학에서는] 객관성의 가치를 개인적 삶이 흐르는 형식으로서의 당위로 확장하기 위한 논리적 증명 가능성은 고려되지 않는다. 그러나 나는 개인의 고유하고 총체적인 삶에서 태동하여 그에게 적용되는 법칙에는 완전한 객관성을 부여하지 **말아야** 하는 논리적 근거를 알지 못한다. 개인적 삶의 소여성은 모든 주관적인 자의성을 넘어서 아주 엄격하게 당위를 추론할 수 있는 전제조건이다. 다만 이러한 객관성의 양적인 표현은 임의적으로 많은 사람이 아니라 바로 이 개인적 삶에 대해서만 타당성을 갖는다.
일종의 유추를 하자면, 우리는 인간의 내부와 외부가 이른바 형태학적으로 공속(共屬)하는 것에서 개인법칙을 관찰할 수 있다. 우리는 그 어떤 주어진 외적인 것으로부터 한 특정한 내적인 것의 필연성이 그 외적인 것의 기능으로 도출되게끔 만드는 보편적인 법칙을 알지 못한다. 아니 아예 문제조차 삼지 않는다. 그럼에도 불구하고 우리는 둘이 서로 간에 우연적인 것이 아니고 하나의 상존재(常存在)는 다른 것의 상존재와 불가피하게 결합되어 있음을 확실히 느낀다—비록 경험적으로 보면 육체와 영혼에 인격 외적인 폭력이 자주 아주 강력하게 그리고 불규칙하게 영향을 끼치기 때문에 육체도 영혼도 모두 순수하게 이 인격적 법칙에 따라 형성되지 않음에도 불구하고 그렇다.

4. 연속적으로 흐르는 통일적 삶, 총체적 인간으로서의 개인 그리고 개인법칙

짐멜이 보기에 법칙과 보편성의 결합에 기반을 두는 합리주의적 도덕법칙은, 그중에서도 특히 정언명령은 개인의 경험적인 삶으로부터 유리되고 괴리된다는 문제점을 안고 있다. 왜냐하면 도덕적 당위가 삶으로부터 유래하는 것이 아니라, 삶을 초월하는 외적 기제로부터 기계적으로 삶에 강요되기 때문이다. 다시 말해 법칙이 삶에 외삽(外揷)되기 때문이다. 도덕적 의무는 개인의 삶을 실현하는 수단이 아니라 보

이는 어떠한 의미에서 보면 현상에서는 단지 그 예외들만 만날 수 있다고 괴테가 말한 저 법칙들에 속한다. 비록 인격적 법칙을 공식화할 수는 없을지라도 현상에서 만나는 예외들을 넘어서 명백하게 느낄 수 있도록 만드는 것이야말로 개인화하는 초상화 예술의 가장 심오한 과제이다.* 그리고 인격적 법칙은 인간 일반이 그러한 것처럼 어떠한 경우에도 명백히 개인적인 것이며 개인의 육체와 개인의 영혼을 필연적으로 결합한다. 마찬가지로 이 내적인 특성들과 외적인 특성들도 함께 어떤 전체에 속한다면 이 둘 모두에 적용되는 하나의 공식에 따라 이해될 수 있을 것이다." Georg Simmel, *Lebensanschauung*(1918), in: *Georg Simmel Gesamtausgabe 16*, Frankfurt am Main: Suhrkamp, 1999, pp. 209~425, 여기서는 pp. 413~14[138~41쪽]. 이 해제에서는 「개인법칙」을 인용할 때 『게오르그 짐멜 전집』 제16권의 쪽수와 더불어 괄호 안에 이 책 본문의 쪽수를 같이 표시하도록 한다. 이는 앞으로 짐멜에 대한 논의와 연구가 주로 전집에 의거할 것이라는 점을 감안해서다. 그리고 이 인용구절에 나오는 '상존재'(常存在) 개념에 대해서는 이 책 제3장 각주 2 참조.

* 짐멜에 따르면 렘브란트야말로 이러한 초상화 예술을 구축한 화가이다. 이에 대한 자세한 논의는 다음을 참조. 게오르그 짐멜, 「렘브란트 연구」, 「렘브란트의 예술철학」, 『예술가들이 주조한 근대와 현대: 미켈란젤로 · 렘브란트 · 로댕』, 김덕영 옮김, 도서출판 길, 2007, 57~113, 115~48쪽.

편타당한 이성이 부과하는 이상을 실현하는 수단으로 기능한다. 정언명령은 "담지자로부터 분리된 행위의 의미를 묻고 이에 대한 답변에 근거해 행위가 담지자에 대해 지니는 관계가 옳은가 그른가를 판단하는" 오류를 범한다. 정언명령은 "행위—거짓 또는 정직, 선행 또는 냉정 등—를 그 주체로부터 분리하여 자유부동하는 논리적 내용으로 취급하며 그것이 허용될 수 있는가를 묻는다." 정언명령은—이와 관련해 짐멜이 주장하기를—"행위의 허용성을 그것이 주체에 대해 지니는 의미가 아니라 그 자체가 의미하는 바에 따라 결정한다."[13] 이렇듯 삶보다 도덕법칙 자체를 중시하는 칸트의 윤리학을 짐멜은 "도덕 엄숙주의"에 빠졌다고 비판한다. 그러나 도덕 엄숙주의가 추구하는 바와 정반대로 개인의 경험적 삶의 다양한 순간과 요소 및 측면은 합리적-논리적으로 도식화할 수 없으며, 따라서 도덕 엄숙주의는 삶에 대해 "무정부적으로 무기력할" 수밖에 없다.[14]

칸트 윤리학에 대한 짐멜의 비판적인 입장은 "칸트의 도덕-호문쿨루스"라는 표현에서 그 정점에 이른다. "단지 순수한 개념 소재로부터 구성된 칸트의 도덕-호문쿨루스만이 지속적으로 최상심급의 법칙에 호소한다."[15] 호문쿨루스는 괴테의 대작 『파우스트』 제2장에 나오는,

13) Georg Simmel, 앞의 글(2001), p. 424. 그리고 pp. 436~37도 참조.

14) 같은 글, p. 444. 합리주의적 도덕의 "이면에는 수많은 삶의 영역에 대한 무정부주의가 결과한다." 같은 글, p. 436.

15) Georg Simmel, 앞의 책(1999), pp. 357~58[30~31쪽].
여기에서 짐멜은 다음과 같이 니체도 비판하고 있다. "니체도 도덕적 명령에 삶을 단지 **내용**으로 주었을 뿐이며, 당위의 이념적 형식은 '삶을 넘어서' 설정된

영혼이 없는 인조소인(人造小人)이 아니던가?!

결국 도덕적 당위는 삶에서 출발해야 한다는 명제로 귀결된다. 삶이란 간단히 말해 "끊임없는 활주의 형식"을 지니며, "지속적으로 창출하는 것에서 창출된 것으로 이어진다." 삶은 "**하나의** 흐름으로서, 바로 이 흐름의 물방울들이 삶의 부분들이다. 삶은 이 부분들을 관통해 흐르는 것이 아니라 이것들의 존재가 전적으로 삶의 흐름인 것이다."[16] 삶은 합리주의가 표상하는 바와 달리 논리적으로 분해하거나 도식화할 수 없는 통일성과 총체성을 그 특징으로 한다. 예컨대 종교의 경우, "종교적 **삶**으로서의 종교"와 "초월적 표상의 총합으로서의 종교"는 확연히 구별된다. 전자는 "삶의 과정 자체로부터 창출된 삶의

'목록' 바로 그곳에 머물렀다. 당위는 그 형식상 생동적일 수 있는가, 삶의 유사물 또는 삶이 자기 자신을 의식하도록 만드는 범주일 수 있는가는 여전히 니체 자신이 제기하지 않은 질문이다." 같은 책, p. 358[31쪽]. 이러한 비판은 1913년의 논문 「개인법칙: 윤리학 원리에 대한 시론」에는 나타나지 않는다. 이에 대해서는 다음을 참조. Georg Simmel, 앞의 글(2001), p. 441. 이처럼 1913년의 논문에는 없던 니체 비판이 1918년의 책에 등장하는 이유는 무엇보다도 짐멜이 후자에서 이전보다 강력하게 생철학적 관점에서 윤리학의 문제에 접근하고 있기 때문이다. 짐멜은 니체가 내세우는 행위와 영원회귀의 관계를 행위와 전체적 삶의 관계로 대체하고자 한다. "본래 황량한 니체의 사고, 즉 '너는 너의 이 행위가 영원히 회귀하기를 원할 수 있는가?'—이 황량한 사고 대신에 나는 나 자신의 사고, 즉 '너는 너의 이 행위가 너의 전체적인 삶을 결정하기를 원할 수 있는가?'를 정립하고자 한다. 왜냐하면 우리가 삶을 불연속적인 '행위들'로 잡아 찢는 것을 포기하는 즉시 너의 행위가 영원히 회귀하는 것은 전혀 문제가 되지 않기 때문이다." Georg Simmel, 앞의 책(1999), p. 421[154쪽]. 니체의 영원회귀에 대해서는 이 책 제4장 각주 8 참조.

16) Georg Simmel, 앞의 글(2001), p. 446.

신성함, 리듬 및 정취"인 반면, 후자는 "고정적이며 자체적으로 존재하면서 영혼에 반응하는 구성물로서 연속적인 종교적 삶의 과정으로부터 결정화된다."[17] 이렇듯 짐멜은 도덕적 당위를 생철학의 토대 위에 구축하고 있다.

짐멜에 따르면 도덕적 당위는 삶의 현실을 초월하는 것이 아니라 바로 삶의 과정에서 생성되고 소멸되며 기능한다. 당위는 총체적인 삶을 구성하는 다양한 요소 가운데 하나이다. 도덕적 당위는 예술·종교·과학·정서 등과 마찬가지로 삶의 총체성, 즉 삶의 내용, 행위양식 그리고 의도가 체험되는 방식과 형식이다. 요컨대 "각각의 당위는 개인적 인격의 총체적 삶이 수행하는 기능이다." 모든 당위에는 행위의 주체가 그 시점까지 살아온 삶의 모든 순간이 공동으로 작용하고 공동으로 영향을 끼친다.[18] 그때그때 개인에게 요구되는 당위는 "개인적 인격의 총체적인 삶의 한 기능"이다.[19] 짐멜은 행위를 삶의 변화와 다양성을 초월하는 '순수자아'의 관점에서 고찰함으로써 삶의 전체가 불연속적인 개별성들의 합이 되도록 만드는 칸트의 입장과 그 자신의 입장을 대립시킨다.

> 나는 삶을 공허한 과정으로서의 자아와 내용으로 충만한 개별적인 행위들로 분해하지 않고, 삶은 변화하는 내용들에서 표현된다는, 또는

---

17) 같은 글, p. 438.

18) 같은 글, pp. 437, 445, 468.

19) Georg Simmel, 앞의 책(1999), p. 407[124쪽].

더 정확하게 말하자면 내용들이 체험되고 행해짐으로써 표현된다는 사실에서 직접적으로 삶의 통일성의 형식을 본다. 그러므로 전체적인 삶은 모든 행위에 대해 책임이 있고 모든 행위는 전체적인 삶에 대해 책임이 있다. 그리고 내용들은 체험된 내용으로서 연속적이다. 왜냐하면 각각의 내용은 모두 삶이 그리로 고양되는 그때그때의 정점일 뿐이기 때문이다. '행위는 존재를 따른다'라는 명제와 더불어 '존재는 행위를 따른다'는 명제도 타당하다. 각각의 행위는 모두 우리의 행위 일반이 치솟아 오른—더 이상 정의할 수 없는—근원에 반응한다. **그러므로 이미 모든 개별적인 행위의 당위성에 우리의 전체적인 삶의 역사에 대한 책임이 존재한다.**[20]

짐멜은 모든 도덕적 행위의 주체나 담지자를 단순히 이성적 인간이 아니라 총체적 인간으로 파악한다. 이성은 어디까지나 총체적 인간의 일부분을 구성하는 정신적 요소일 따름이다. 예컨대 "만약 우리가 어떤 사람을 인색하다고 말한다면, 그의 인색이 인색한 것이 아니라, 총체적 인간, 즉 동시에 용감하고, 감각적이고, 영리하고, 우울하며, 또한 그 밖에 모든 것이 가능한—**바로 이러한 사람이** 인색한 것이다. 그러므로 인색한 행위라고 규정하는 모든 행위에는 총체적 인간이 포함된다. 물론 영리하게 또는 용감하게 아니면 감각적으로 결정되어 보이는

20) 같은 책, p. 423[157~58쪽]. '행위는 존재를 따른다'라는 명제와 '존재는 행위를 따른다'라는 명제가 무엇을 의미하는가는 이 책 제5장 각주 35 참조.

다른 모든 행위의 경우에도 매한가지이다."[21] 이 모든 것은 도덕적 당위는 삶—도덕은 삶의 일부분을 구성한다—이 그러하듯이 그 자체가 일종의 총체성이라는 사실을 함의한다. 도덕적 당위는 단순히 이성적 인간으로서의 개인이 아니라 총체적 인간으로서의 개인이 그의 통일적이고 연속적으로 흐르는 삶에서 창조하는 다양한 행위의 범주들 가운데 하나이다.

인간은 통일적인 연속성이라고 생각되는 그의 전체적인 삶 안에서 무엇인가를 해야 하며, 이러한 삶과 더불어 주어진 자기 자신의 이상을 실현해야 한다. 그런데 이러한 이상의 본질은 삶 일반의 본질과 마찬가지로 끊임없이 변화하며 종종 서로 논리적으로 모순되는 행위들로서 전개되는 것이다. 이러한 요구는 가령 실제로 개인적인 행위를 형성하기 위해서는 언제나 추가적인 규범들을 필요로 하는 보편적인 '선한 신념'으로 이어지지 않는다. 여기서는 이제 모든 행위는 총체적 인간에 의해 창출된다는 바로 그 원리로부터 개별적인 행위가 총체적 인간에 의해 도덕적으로 결정된다—다시 말해 현실적인 인간이 아니라, 현실적인 인간과 매한가지로 개인적인 삶이 주어져 있는 당위적인 인간에 의해 결정된다. 행위는 자신으로 하여금 삶을 초월해 보편적인 것으로 되도록 하는 개념화가 아니라 총체적 인간으로부터 자신의 당위성을 창조해야 한다. 그런데 행위는 당위성의 창조를 논리적으로 해야 한다. 왜

---

21) Georg Simmel, 앞의 글(2001), pp. 448~49.

냐하면 이상적인 삶의 연속성은(이 연속성이 바로 **삶**이기 때문에) 그 전체가 각각 **명명할 수 있는** 행위의 내용들로 발전되어야만 비로소 실존할 수 있기 때문이다.[22]

결국 통일적이고 연속적인 흐름으로서의 삶과 그 삶의 주체인 총체적 인간으로서의 개인에 합리주의적 도덕법칙을 극복하고 개인법칙을 정초할 수 있는 개념적-논리적 토대가 주어지는 것이다.

5. 개인성과 법칙성의 결합, 개인적인 것과 객관성의 결합 그리고 개인법칙

짐멜이 보기에 칸트의 정언명령에 의해 대변되는 도덕적 법칙과 당위가 개인과 그의 삶에서 유리되고 괴리되어, 이른바 도덕-호문쿨루스가 되어버린 이유는 개인성과 주관성이 그리고 보편성과 법칙성이 잘못 유착된 것에서 찾을 수 있다. 이것을 분리하여 개인성과 법칙성을 결합해야 한다. 그리하면 개인법칙의 논리가 성립한다.

결정적인 것은 개인적 삶이 주관적인 것이 아니라 어떻게든 개인에 제한되면서 윤리적 당위로서 절대적으로 객관적이라는 사실이다. 개인성과 주관성의 잘못된 유착은 보편성과 법칙성의 잘못된 유착과 마찬

22) Georg Simmel, 앞의 책(1999), pp. 402~03[115쪽].

가지로 분리되어야 한다. 그리되면 개인성과 법칙성을 새로이 종합할 수 있는 개념들이 자유로워진다. 이처럼 삶의 이상적 영역에서 실현되는 객관적 당위를 또한 그 자체로 **인식하는** 이른바 기술적 어려움은 누구도 부인하지 않을 것이다. 그러나 만일 당위를 직접적으로 초개인적 가치로부터 도출한다면, 이 또한 그와 같은 기술적 어려움에 직면하게 된다. 왜냐하면 개인을 초월하는 가치는 전적으로 연역을 필요로 하기 때문이다. 또는 주관적 양심은 틀리지 않는다고 생각하면서 연역을 재빨리 중단하는 경우에도 똑같이 기술적 어려움에 처하게 된다.[23]

이렇게 해서 얻어진 개인법칙의 객관성은 짐멜에 따르면 개인적인 것과 주관성의 유착 그리고 초개인적인 것과 객관성의 유착을 분리하여 개인적인 것과 객관성을 결합함으로써, 즉 개인적인 것의 객관성을 통해 확보될 수 있다.

도덕적 요구의 제재는 지금까지 다음과 같이 결정되는 것처럼 보였다. 도덕적 요구는 주관적 의식에서, 다시 말해 개인적-양심적인 결정에서 마땅히 해야 하는 것으로 나타나거나, 또는 객관적인 것에서, 다시

---

23) Georg Simmel, 앞의 글(2001), p. 460.
1918년의 저서 『인생관: 네 개의 형이상학적 장(章)』에서는 네 번째 문장("이처럼 삶의 이상적 영역에서 [……] 누구도 부인하지 않을 것이다") 이하가 빠져 있다. 이에 대해서는 다음을 참조. Georg Simmel, 앞의 책(1999), p. 410 [131쪽].

말해 그 객관적-개념적 구조물로부터 타당성을 얻는 초개인적 규정에서 기인한다. 이러한 선택에 반해 나는 제3의 것이 존재한다고 믿는다. 개인의 객관적 당위가 바로 그것인바, 이것은 **그의** 삶으로부터 **그의** 삶에 부과되는 요구로서, 그 자신이 이 요구를 제대로 인식하느냐 아니냐 하는 문제와 원칙적으로 무관하다. 다시금 여기에서 다음과 같이 개념들의 새로운 분리와 새로운 종합이 필요해진다. 개인적인 것은 주관적일 필요가 없고 객관적인 것은 초개인적일 필요가 없다. 결정적인 개념은 오히려 개인적인 것의 객관성이다. 일단 특별히 개인화된 삶이 존재하면, 이 삶의 이상적 당위도 객관적으로 타당한 것으로서 존재한다. 왜냐하면 개인의 이상적 당위에 대한 올바른 표상과 잘못된 표상은 그것의 주체와 더불어 다른 주체들에 의해서도 파악될 수 있기 때문이다. 후자는 전자에 비해 이를 파악하는 데 더 불리한 상황에 있는데, 그 이유는 이들이 도덕적 당위의 토대가 되는 삶을 단지 현실의 형식으로 나타난 현상을 통해서 알 수 있기 때문이다. 이에 반해 개인적 주체는 이 삶을 직접적인 방식으로 안다. 그리하여 그의 의식에서 당위형식은 본래 현실형식과 동시에 그리고 지속적으로 동행하면서 발전한다. 그러나 주관적 양심이 잘못되지 않았음을 실제적으로 보증하는 것이 주어지지는 않는다. 비록 주관적 양심의 대상이 개인적 삶으로부터 형성되었음에도 불구하고 그렇다. 왜냐하면 바로 이와 더불어 이 대상은 객관적 대상이 되기 때문인데, 이는 개인적 삶이 객관적 삶이 되는 것과 마찬가지이다.[24)]

개인적인 것과 주관성이 유착된 것 그리고 초개인적인 것과 객관성이 유착된 것을 분리하여 개인적인 것과 객관성을 결합한다는 것은 달리 말하면 주체의 객관화 또는 개인적인 것의 탈주관화를 의미한다. 이와 관련해 짐멜은 그의 유고 일기장에서 이렇게 말하고 있다.

> 나의 문제는 주체의 객관화 또는 오히려 개인적인 것의 탈주관화에 있듯이[……], 또한 시간적인 것의 영원성의 의미에도 있다.[25)]

아무튼 개인법칙에 대한 짐멜의 논의는—「개인법칙: 윤리학 원리에 대한 시론」(1913)과 『인생관: 네 개의 형이상학적 장(章)』(1918) 모두에서—개인법칙을 통해 보편성과 법칙성, 그리고 초개인적인 것과 객관성을 잘못 결합한 칸트의 합리주의적 도덕법칙을 극복할 수 있다는 확신과 더불어 끝을 맺는다.

> 결론적으로 '개인법칙'[……]은 당위 일반의 방향을 뒤바꾸고, 당위를 삶의 내용이 아니라 삶의 과정에서 유래하도록 만든다는 사실에 기

24) Georg Simmel, 앞의 글(2001), pp. 457~58.
1918년의 저서 『인생관: 네 개의 형이상학적 장(章)』에서는 열 번째 문장("후자는 전자에 비해 이를 파악하는 데 더 불리한 상황에 있다") 이하가 빠져 있다. 이에 대해서는 다음을 참조. Georg Simmel, 앞의 책(1999), p. 408[125쪽].

25) Georg Simmel, "Aus dem nachgelassenen Tagebuch", in: *Georg Simmel Gesamtausgabe 20. Postume Veröffentlichungen, Ungedrucktes, Schulpädagogik*, Frankfurt am Main: Suhrkamp, 2004, pp. 261~96, 여기서는 p. 262.

초해, 당위는 그 규범적 요구를 말하자면 두 가지 차원에서 칸트가, 아니 본래 도덕철학 전체가 설정한 범위를 넘어서 확장한다. 먼저 변화하는, 그 의미상 유일무이한, 삶의 연속성에서 아무런 경계도 없이 활주하는 모든 것은 기존의 법칙에 예속되지도 않고 보편적 법칙에 개념적으로 승화되지도 않는다—이 모든 것은 스스로에 대한 당위를 발견한다. 왜냐하면 당위 자체는 삶이면서 삶의 연속적인 형식을 보지(保持)하기 때문이다. 그리고 규범적 요구는 최종적이고 경직적인 것으로서 삶과 대치하는 것이 아니라는 바로 그러한 이유로, 우리가 이전에 행한 것이나 이전에 마땅히 했어야 하는 모든 것은 우리의 윤리적-이상적 삶이 그때그때 마땅히 해야 하는 것의 파고로 고양되는 조건이다. 마치 어느 살아 있는 존재의 모든 맥박이 그의 모든 지나간 맥박에 의해 조건지어지듯이, 이 과정에서도 아무것도 없어질 수 없다. 이 과정은 행위뿐 아니라 모든 순간의 당위도 우리가 이전에 존재했던 모든 것, 행했던 모든 것, 그리고 마땅히 해야 했던 모든 것의 상속자이자 책임의 담지자로 만든다. 이렇게 해서 칸트 윤리학에서 융합된 요소들—이 요소들의 융합에 대해서는 이 연구에서 그토록 자주 언급되었다—의 분화가, 말하자면 해방이 비로소 실현된다. 칸트 윤리학에서는 이상적-규범적인 것이 아니라 오로지 **현실적인** 것만이 개인적일 수 있으며, 개인적인 것이 아니라 오로지 **보편적인** 것만이 법칙적일 수 있다—이 먼 길을 통해 이러한 결합이 분리되어서 개인성과 법칙성의 결합이 실현될 수 있었던 것이다.[26]

그런데 1918년의 글에서 인용한 이 부분 중 밑줄 친 문장(밑줄은 내가 그었음)이 1913년의 글에서는 다음과 같이 다르게 나타난다. "칸트 윤리학에서 이들 요소가 다음과 같이 융합된 사실을 언급하면서 이 연구는 출발했다."[27] 이미 앞에서 언급한 바와 같이 후자의 경우에는 칸트에 대한 비판과 더불어 논의가 시작한다. 반면 전자의 경우에는 삶의 형식으로서의 현실 및 당위와 더불어 논의가 시작된다. 그러나 여기서도 칸트 윤리학은 아주 중요한 분석과 비판의 대상이다. 그가 내세우는 보편법칙은 개인법칙을 불가능하게 만들기 때문이다.

6. 예술가와 개인법칙

짐멜은 현대세계에서의 한 특수한 인격 유형으로서의 예술가에 대하여 지대한 이론적-실천적 관심을 갖고 있었는데, 그 이유는 예술가야말로 개인법칙을 가장 이상적으로 구현한 인격체이기 때문이었다.

예술적 실천은 전적으로 전문화된 인간의 행위임에 틀림없다. 왜냐하면 예술에는 예술가의 정신적 에너지의 특정한 영역 또는 특정한 부분이 표출되기 때문이다. 그러나 다른 한편 예술가는 고도로 분화되고 합리화된, 그리하여 객관적이고 무특성적인 현대 사회질서에 전형적인 인간 유형과 근본적인 차이점을 보여준다. 왜냐하면 예술가에게

26) Georg Simmel, 앞의 책(1999), pp. 424~25[160~61쪽].

27) Georg Simmel, 앞의 글(2001), p. 470.

는 주체적 창조행위로 연결되는 "엄청난 운동의 폭과 강도를 지니는 삶 전체"를 감지할 수 있는 반면, 여타의 현대인들은 직업적 분화와 전문화의 결과로 단편적이고 일면적으로 발달된 인격을 소유하기 때문이다. 오직 정신적 에너지의 어느 특정한 부분과 측면만이—이를테면 지력(知力)과 같이—개입되는 현대적 직업노동과 상반되게 예술적 실천은 단순히 예술적인 것이 아니라 그보다 더 큰 범주인 인격 전체에 그 토대를 둔다. 짐멜은 단언하기를, 예술가는 예술가이면서 동시에 "예술가 그 이상"(Mehr-als-Künstler)이다. 그는 또한 말하기를, "완전히 독립된 예술작품으로 고양되는 본질의 표현이 갖는 개인적인 강력함은 인격 전체라는 소우주와 관절처럼 결합됨으로써 자양분을 얻는다."[28)]

그러므로 예술가는 행위하고 살아가는 데 칸트적인 정언명령이나 다른 사람들과의 사회적 상호작용으로부터 도출될 수 있는 그 어떠한 보편적이고 객관적인 범주나 법칙을 필요로 하지 않는다. 그는 예술행위에서 완전히 자율적인 개인적-주관적 소우주에 거하며, 그 어떠한 가치나 이상 또는 그 어떠한 실천적 목적에 봉사하지 않는다. 예술가야말로 개인법칙을 가장 순수하고 명확하게 구현하는 인간 유형이다.

짐멜은 되풀이해 미켈란젤로, 렘브란트, 로댕, 슈테판 게오르게 등과 같이 위대한 예술가에 대한 논의를 전개하는데, 거기에는 현대세계

---

28) Georg Simmel, *Zur Philosophie der Kunst. Philosophische und Kunstphilosophische Aufsätze*, Potsdam: Kiepenheuer, 1922, pp. 82~83.

에 대한 순수한 이론적-철학적 성찰을 넘어서 동시에 짐멜의 실천적-윤리적 동기가 내포되어 있다.[29] 그는 이 위대한 예술가들에 의해 구현된 개인법칙을 시민계층을 문화적이고 윤리적으로 교화하는 수단으로 간주한다. 자기 자신만의 고유한 인격을 함양하며 자율적이고 주권적으로 행위하라고 말이다.

7. 예술과 개체법칙

짐멜의 지적 세계에서 예술이 차지하는 위치와 의미는 절대적이다.[30] 예술에 대한 그의 아주 다양한 저술 중 1917/18년 문화철학 저널 『로고스』에 게재된 「예술작품에서의 법칙성」(Gesetzmässigkeit im

---

29) 미하엘 란트만에 따르면 짐멜의 개인법칙은 발생론적으로 볼 때 슈테판 게오르게(Stefan George, 1868~1933)라는 당대의 시인이 풍기는 주권적이고 압도적인 인간적 모습을 개념적-이론적으로 표현하기 위한 정식이었다. 다시 말해 게오르게의 인격은 짐멜에게 개인법칙이라는 개념에 의해서만 해결할 수 있는 철학적 문제를 제기했다는 것이 란트만의 견해이다. 개인법칙은 프리드리히 슐라이어마허(Friedrich Schleiermacher, 1768~1834)로 소급하는 개념이다. 프리드리히 니체(Friedrich Nietzsche, 1844~1900)는 짐멜이 개인법칙을 철학의 핵심 개념으로 구성해 가는 과정에서 이론적 동인을 제공해 주었다. Michael Landmann, "Georg Simmel und Stefan George", in: Heinz-Jürgen Dahme & Otthein Rammstedt (Hrsg.), *Georg Simmel und die Moderne. Neue Interpretationen und Materialien*, Frankfurt am Main: Suhrkamp, 1984, pp. 147~73, 여기서는 pp. 150~51. 그리고 게오르게, 슐라이어마허, 니체에 대해서는 각각 다음을 참조. 김덕영, 앞의 책(2007), 525~29, 237~39, 245~52쪽.

30) 이에 대한 상세한 논의는 다음을 참조. 김덕영, 앞의 책(2007), 제9~10장(471~572쪽).

Kunstwerk)이라는 논문은 다름 아닌 "Das individuelle Gesetz", 즉 "개체법칙"을 그 논의의 주제로 하고 있다. 이 글의 논지는 예술작품을 지배하는 법칙은 그 외부로부터 주어지는 보편법칙이 아니라 개별적인 예술작품 그 자체의 내부로부터 그리고 예술작품 그 자체를 통해 형성되고 작동하는 법칙, 즉 개체법칙이라는 것이다.

짐멜에 따르면 예술철학은 일반적으로 보편법칙을 상정하는데, 이는 기존의 도덕철학, 그중에서도 특히 칸트 윤리학의 영향을 받아서 그런 것이다. 기존의 도덕철학은 초개인적인 것과 보편적인 것을 결합함으로써 "개인이 그 자신의 도덕적 가치의 조건으로서 그리고 그 자신의 독특한 개인성에 상관없이 실현해야 할 보편법칙을 제시한다." 그러나 짐멜이 보기에 예술작품에 초개체적 보편법칙을 부과하는 것은 "근본오류"이며, 이 오류는 법칙과 보편성의 "치명적인 결합"에서 기인하는 것이다. 보다 합리적인 예술철학을 확립하려면 이러한 결합은 반드시 단절되어야 한다.[31] 왜냐하면 예술은 "자신의 문제를 스스로 제시하며 이 문제는 이미 완성된 작품으로 존재하는 그 자신으로부터만 알 수 있다는" 데에 그 고유한 특징이 있기 때문이다.[32] 이는 개인이 그의 행위를 외부로부터 주어진 법칙에 의해서가 아니라 그 스스로 결정하며 이 행위는 연속적으로 흐르는 통일적인 삶 전체의 한 물

---

31) Georg Simmel, "Gesetzmässigkeit im Kunstwerk"(1917/18), in: *Georg Simmel Gesamtausgabe 13. Aufsätze und Abhandlungen 1909~18, Bd. 2*, Frankfurt am Main: Suhrkamp, 2000, pp. 382~94, 여기서는 pp. 386~87.

32) 같은 글, p. 385.

결로서 의미를 지닌다는 논리와 매한가지이다. 그러므로 개인의 도덕적 행위를 지배하는 법칙이 개인법칙인 것처럼 예술작품의 세계를 지배하는 법칙은 개체법칙이어야 한다.[33)]

모든 정치적-법률적 입법과 도덕적 입법은 다음과 같은 점에서 대립적이다. 전자는 인간에게 보편적이고 외적인 무엇을 요구하는 반면, 후자는 인간 자체를 요구하는데, 이 인간은 그 자신의 현실에서 그리고 오직 **그 자신의** 현실에서만 성장해 그것을 넘어서는 당위적이고 이념적인 존재이다. 이와 마찬가지로 예술작품에 대한 가장 광범위한 의미에서의 기술적 요구는 순전히 예술적 요구와 다음과 같은 점에서 구분된다. 예술작품의 외부에 그 기원과 정당성이 있는 규범이 예술작품에 부과되는 경우, 그 규범은 모두 궁극적으로 기술적 특성의 것이거나 또는 어떻게든 예술 외적 성격, 즉 문학적·윤리적 또는 종교적 성격을 지닌다. 이에 반해 실제로 예술에만 적용되는 기준은 예술행위 자체에서 비상해 전적으로 그 행위에 고유한 이상적 필연성으로서 그 행위를 판단하는 데 기여하는 **개체법칙**이다. 예술 자체의 요구, 즉 외부로부터가 아니라 오직 그 내면으로부터 예술로서 이해되고 판단되어야 한다는 요구는 여기에서 마치 수로처럼 개별적인 예술작품으로 흘러든다.[34)]

---

33) 다음은 초상화 예술에 적용된 개체법칙에 대해 논하고 있다. Margarete Jarislowsky, *Das "individuelle Gesetz" in seiner Anwendung auf die Kunst des Porträts*, Berlin: Fürst, 1926.

34) Georg Simmel, 앞의 글(2000), p. 388.

예술작품의 개체법칙은 필연성의 한 형식이다. 이것은 그 어떤 외적 법칙을 통해서가 아니라 전적으로 내부로부터 예술작품에 부과된 필연성이다. 개체법칙은 예술작품을 구성하는 다양한 요소를 이념적이고 필연적인 방식으로 결합한다. 그리하여 우연성이 극복된다. 필연성은 동시에 자유가 된다. 왜냐하면 예술작품 위의 법칙과 예술작품 안의 법칙은 이질적으로 주어진 것이 아니며 법칙이 예술작품의 현존재에 부여하는 의미는 이미 처음부터 이 현존재 안에 살아 있는 것이기 때문이다.[35)]

짐멜은 그의 논문 「예술작품에서의 법칙성」을 다음과 같은 문장과 더불어 끝맺고 있다.

> 예술작품이 주는 가장 감동적인 효과는 아마도 다음과 같이 우리 자신의 궁극적인 비밀을 상징적으로 표현한다는 점에서 찾을 수 있을 것이다. 예술작품은 그 안에서 현실이 이념과 법칙이 되고 법칙과 이념이 현실이 되는 객관적 구성물이다. 또한 예술작품은 인간 자신에 의해 창작되기 때문에 인간의 분열, 즉 무언(無言)의 우리 심층적 본질이 현실과 법칙으로 분기되는 것과 동시에 인간이 그러한 분열로부터 안전하게 보호를 받는 것의 담보가 된다.[36)]

35) 같은 글, p. 393.

36) 같은 글, p. 394.

아무튼 예술가와 그의 창조물인 예술작품은 모두 개인(체)법칙을 따른다. 그에 더해 예술의 노동수단, 즉 예술창작에 사용되는 도구와 예술의 생산노동, 즉 예술창작 과정도 전적으로 개인법칙을 따른다. 그러므로 예술은 주관적이고 인격적인 문화의 전형적인 형식이라고 볼 수 있다.

그런데 이 점은 예술이 삶이라는 전체적 연관관계를 벗어남을 뜻하지 않는다. 아니 오히려 "예술이 삶의 구조 일반을 가장 심원하게 상징할" 수 있는 근거를 이룬다.[37] 왜냐하면 예술은 그 자체로서 하나의 완결되고 자족적인 전체이면서 동시에 그보다 더 큰 전체의 구성요소이기 때문이다. 그러므로 예술(Kunst)은 동시에 '예술 그 이상'(Mehr-als-Kunst)이다.[38] 예술작품의 이러한 이중적 본질과 특성 근저에는 상호작용이라는 개념이 깔려 있다. 다시 말해 거기에는 모든 요소와 부분이 전체의 내부에서 관계를 맺고 상호작용을 한다는 개념이 깔려 있다. 짐멜이 보기에 이 개념은 자연세계와 사회세계 및 역사세계 그리고 예술세계 모두에 보편적으로 적용된다. 상호작용은 그에게 규제적 세계원리이다.

---

37) Georg Simmel, *Rembrandt. Ein kunstphilosophischer Versuch*, Leipzig: Wolff, 1916, p. 204.

38) Georg Simmel, 앞의 책(1922), pp. 83, 86.

8. 맺음말—개인법칙은 현대인에게 주어진 정언명령이다

짐멜의 개인법칙은 단순히 칸트의 윤리학을 비롯한 기존의 합리주의적 도덕법칙에 대한 비판으로 보아서는 안 된다. 거기에는 현대세계에 대한 이론적 진단과 현대인에 대한 실천적 메시지가 담겨져 있기 때문이다.

구체적으로 짐멜의 개인법칙에는 시민계층의 구성원인 그 자신과 이 사회집단의 다른 구성원들이 객관문화가 지배하는 현대의 사회질서에서 주관문화를 발전시키고 숭고한 인간 또는 질적 개인으로서 존재하고 행위하며 삶을 살아가도록 문화적-윤리적으로 교화하려는 짐멜의 이론적-실천적 의도가 명백히 반영되어 있다.

개인법칙은 게오르그 짐멜이 현대인에게 설파하는 정언명령이다—'인격이 되라'는 정언명령!

■옮긴이의 말[1]

이 책은 게오르그 짐멜 탄생 150주년을 기념하기 위해 1918년에 출간된 그의 저서 『인생관: 네 개의 형이상학적 장(章)』(*Lebensanschauung. Vier metaphysische Kapitel*)의 마지막 장인 「개인법칙」(Das individuelle Gesetz)을 우리말로 옮긴 것이다. 짐멜의 『인생관: 네 개의 형이상학적 장(章)』을 구성하는 나머지 세 개의 장은 각각 「삶의 초월성」(Die Transzendenz des Lebens), 「이념으로의 전회」(Die Wendung zur Idee), 「죽음과 불멸성」(Tod und Unsterblichkeit)이다. 짐멜의 생철학이 바로 이 저서에 응집되어 있다.

2008년은 작게는 사회학사에서, 그리고 넓게는 지성사에서 매우 뜻깊은 한 해이다. 짐멜과 에밀 뒤르켐이 탄생한 150주년이 되기 때문

---

1) 원래 이 책은 짐멜 탄생 150주년인 2008년 3월 1일에 맞추어 출간할 목적으로 2007년 11월에 번역이 끝났으나 옮긴이의 피치 못할 개인적인 사정으로 인해 차일피일 미루다가 이번에 출간하게 되었음을 일러둔다. 옮긴이의 말도 그때 작성된 것을 약간 수정한 것이다.

이다. 짐멜은 1858년 3월 1일에, 그리고 뒤르켐은 얼마 후인 4월 15일에 태어났다. 두 거장이 서거한 시기도 엇비슷하다. 뒤르켐은 1917년 11월 15일에, 그리고 짐멜은 1918년 9월 26일에 세상을 떠났다. 이렇듯 이 두 위대한 지식인은 동시대를 살아가면서 사회학과 시대정신을 주조했다. 여기에다가 막스 베버를 첨가하면 당시의 사회학적 판도와 지성사적 판도가 좀 더 확연히 와 닿을 것이다. 베버는 1864년 4월 21일에 태어나 1920년 6월 14일에 세상을 떠났다.

나는 원래 짐멜의 탄생일에 맞추어 그의 철학적 주저인 『돈의 철학』 번역서를 출간하거나 『게오르그 짐멜 선집』의 제4권과 제5권으로 기획된 『개인법칙』과 『사회학적 미학』을 동시에 출간한다는 계획 아래 작업을 추진해 왔다. 그런데 『돈의 철학』과 『사회학적 미학』의 출간은 부득이 다음으로 미룰 수밖에 없게 되었다. 모든 것이 나의 지적 성실성이 부족했던 탓이다(『돈의 철학』은 2013년 10월에 번역, 출간되었다).

사실 짐멜 탄생 150주년을 기리는 방법으로는 번역 이외에도 다른 여러 대안이 가능할 것이다. 예컨대 학회에서 짐멜에 대한 학술대회를 개최하고 그 결과를 책으로 엮어내는 방법을 생각해 볼 수 있을 것이다. 그러나 이를 할 수 있는 인적 인프라가 부족한 데다가 나중에 원고를 모으는데 얼마나 시간이 걸릴지 전혀 예측할 수 없는 노릇이다.

올해가 짐멜과 더불어 뒤르켐이 태어난 지 150년이 되는 해라는 사실을 인지하고 있는 사회학자라면 이 두 거장을 동시에 기리고자 욕심을 낼 수 있을 것이다. 나 역시 그 방안을 모색해 보지 않은 것이 아니다. 현재 내가 추진하고 있는 연구 가운데 짐멜과 뒤르켐을 동시에 다루는 것이 하나 있다. 짐멜과 뒤르켐이 활동한 19세기 말부터 20세기 초의 지성사 및 사회학사를 정리하는 '문화과학과 사회학의 계보학'이 그것이다. 그런데 이 연구의 중심에는 베버가 자리하고 있기 때문에 아무래도 짐멜과 뒤르켐 탄생 150주년을 기리는 저술로서는 격에 맞지 않을 듯해서 포기하고 말았다. 나의 작은 지적 세계의 중심에는 짐멜과 베버가 자리하고 있지만, 그중에서도 베버가 근간을 이루고 있다. 시간적으로도 짐멜보다는 베버를 훨씬 더 오래 연구해 왔다.

물론 짐멜의 탄생일이 도대체 우리에게 무슨 의미가 있느냐고 반문할 수도 있다. 서구의 사상가가, 그것도 150년 전에 태어난 사상가가 한국의 지식인 사회와 도대체 무슨 관계가 있느냐고 반문할 수도 있다. 충분히 일리가 있는 반문이다. 단순히 인간 짐멜 또는 단순히 서구인 짐멜의 탄생일이라면, 150주년이 아니라 설령 1500주년이 되더라도 그것은 어디까지나 남의 일이다. 그러나 짐멜이 오늘날의 지적 세계가 발전하는 데 결정적으로 기여했다면, 그리고 한국의 지식인 사회도 그 지적 세계로부터 결코 자유로울 수 없다면 문제는 완전히 달라진다.

사실 오늘날의 지적 세계에서 나와 남을 가르는 것이 그토록 중요하고 본질적일까? 보다 중요하고 본질적인 것은 얼마나 합리적이고 과학적인 인식의 틀과 수단을 얻느냐 하는 것이 아닐까? 나에게 그러한 틀과 수단을 제공한다면 남이 곧 내가 되고 남의 것이 곧 나의 것이 되지 않을까?

한국의 지식인들은 서구에서 형성되고 발전하고 축적된 지적 재산을 상속받았으면서도, 아니 아예 그것으로 머리끝부터 발끝까지 온통 도배를 한 상태이면서도 툭 하면 우리와 서구를 나와 남으로 편을 가른다. 그들이 내외에 자아정체성을 과시하는 가장 중요한 방식이다. 그러나 자신이 살고 있는 지적 세계가 누구에 의해, 그리고 어떻게 각인된 세계인가를 부정하는 사람은 자신을 속이고 남을 속이고 종내는 세상을 속이게 된다.

이 맥락에서 문득 베버가 떠오른다. 니체와 마르크스 같은 위대한 정신을 부정하고 비난하는 당시의 지적 풍토에 대해 베버는 다음과 같이 말했다고 전해진다. "오늘날의 지식인, 그리고 특히 오늘날의 철학자가 얼마나 진실한가는 그가 니체와 마르크스에 대하여 어떠한 태도를 취하느냐를 보면 측정할 수 있다. 이 두 거장의 업적이 없었다면 자신의 작업의 아주 커다란 부분을 이룩할 수 없다는 사실을 인정하지 않는 사람은 자기 자신과 다른 사람들을 속이고 있는 것이다. 우리 자신이 정신적으로 존재하는 이 세계는 근본적으로 마르크스와 니체에 의해 각인된 세계이다."[2] 내가 지식인 베버에 그토록 매료된 중요한 이유 중 하나가 바로 그의 이 진실하고 개방적이며 포용적인 태도에 있다. 그는 오늘날의 문화과학과 사회과학이 나아가야 할 방향을 제시했을 뿐만 아니라 지적 성실성이 무엇인가를 온몸으로 구현한, 이 시대의 진정으로 큰 정신이자 스승이다.

---

2) Eduard Baumgarten, *Max Weber. Werk und Person*, Tübingen: J. C. B. Mohr(Paul Siebeck), 1964, pp. 554~55에서 재인용.

짐멜 탄생 150주년을 기리는 것이 단순히 '조상숭배'에 그쳐서는 물론 안 된다. 그보다는 나 자신이 지금까지 추진해 온 공부와 연구를 되돌아보고 앞으로 어떠한 지적 생산을 할 것인가를 짚어보는 계기로 삼아야 할 것이다. 아니 '조상숭배'를 한들 어떠랴? 그를 통해 최소한의 자아성찰을 할 수 있다면 '조상숭배' 또한 마다할 이유가 전혀 없을 것이다. 중요한 것은 어디까지나 지적 성실성이다. 지적으로 성실하면 단순히 조상숭배에 빠지지 않고 짐멜 탄생 150주년을 보다 창조적이고 생산적인 지적 활동의 자극제로 삼을 수 있는 반면, 지적으로 성실하지 못하면 짐멜을 맹목적으로 조상처럼 숭배하거나 아니면 무조건적으로 배척하게 될 것이다.

방금 앞에서 언급한 바와 같이, 이 책은 총 네 개 장으로 구성된 짐멜의 저서 가운데 한 장을 옮긴 것이다. 그래서 분량도 적은 편이다. 그렇다면 다음과 같은 질문이 제기될 수 있을 것이다. 왜 책 전체가 아니라 단 한 개의 장만 우리말로 옮길 생각을 할 수 있는가? 그리고 어떻게 그 적은 부분과 분량을 가지고 단행본을 구성할 생각을 할 수 있는가?

이에 대한 첫 번째 답변은 개인법칙이 짐멜의 지적 세계에서 차지하는 위치에서 찾을 수 있을 것이다. 개인법칙은 짐멜 철학의 핵심 개념이다. 칸트 철학에 정언명령이 있다면, 그리고 니체 철학에 힘에의 의지와 초인이 있다면, 짐멜 철학에는 개인법칙이 있다고 말해도 지나친 말은 아닐 것이다. 짐멜에 의하면 개인법칙은 근대 이후 인간 정신과 그 행위의 본질적인 특성이다. 바로 이러한 이유로 비록 특정한 저서의 일부분에 지나지 않지만 그리고 아주 적은 분량이지만 『게오르그 짐멜 선집』을 기획할 때 이미 그 제4권을 개인법칙의 문제에 할애했던 것이다.

두 번째로 개인법칙이 한국 사회에 대해 지니는 이론적-실천적 함의를 언급할 수 있을 것이다. 누가 한국 사회에서 무시되고, 차별받고, 배제되고, 소외되고, 통제되며, 억압받을까? 노동자? 비정규직 종사자? 빈민? 농어촌 지역 거주자? 청소년? 여성? 노인? 장애인? 성적 소수자? 혼혈인? 새터민? 한국인과 결혼한 외국인? 외국인 노동자? 그렇다. 분명 이들은 사회적 소수자이다. 그렇다면, 이들을 한군데로 묶는 것은 과연 무엇일까? 한국 사회의 구성원? 그렇다. 분명 이들은 사회적 존재이다.

그런데 이들은 사회적 존재이면서 동시에 개인은 아닐까? 그렇다. 그들은 자율적이고 주체적인 인격체로서의 개인들이다. 결국 한국 사회에서 무시되고, 차별받고, 배제되고, 소외되고, 통제되며, 억압받는 존재는 다름 아닌 개인들인 것이다. 노동자들도, 청소년들도, 여성들도, 노인들도, 장애인들도 모두 사회를 구성하고 사회가 외적으로 부여한 역할과 기능을 수행하는 객체적 자아로만 간주될 뿐, 결코 그 어디로도 소급될 수 없고 그 어디로부터도 도출될 수 없는, 그 자체로서 의미와 가치를 지니는 주체적 자아로는 간주되지 않기 때문에 무시되고, 차별받고, 배제되고, 소외되고, 통제되며, 억압받는 것이다.

비단 사회적 소수자들의 문제만은 아니다. 이른바 사회적 다수자들도 역시 초개인적 논리에 의해 구속되기는 마찬가지이다. 노동자에 반대되는 자본가가 존재하고, 여성에 반대되는 남성이 존재하고, 비정규직 종사자에 반대되는 정규직 종사자가 존재하지만, 이들은 모두 초개인적 사회집단의 구성요소로서 간주될 뿐이다. 개인과 인격으로서의 자본가, 개인과 인격으로서의 여성, 개인과 인격으로서의 정규직 종사자는 존재하지 않는다.

결론적으로 한국 사회에는 개인이 존재하지 않는다. 개인은 가족에 의해, 연장자에 의해, 각종 사회집단에 의해, 국가와 민족에 의해, 제도와 조직에 의해, 법에 의해, 교육에 의해, 전통에 의해, 역사에 의해, 미래에 의해, 윤리와 도덕에 의해, 종교와 신조에 의해, 주의(主義)와 이념과 운동에 의해 짓눌리고 질식되며 추방되고 있다. 개인은 왜소화되고, 부정되고, 파괴되며, 종내는 무화되어야 할 사악한 그 무엇으로 간주된다.

한국 사회에서는 개인에 대한 논의는 아예 이루어지지도 않는다. 개인을 이야기하는 것은 바로 이기주의를 옹호하는 것과 동일시된다. 한국인들이 가장 불쾌하고 모욕적으로 받아들이는 표현 중 하나가 바로 개인주의자라는 말일 것이다. 사실 개인주의와 이기주의는 그 근원부터 그리고 그 본질상 결코 양립할 수 없는 '상극'임에도 불구하고 한국 사회에서는 동일시된다. 부정적이고 사악한, 그리하여 반드시 없어져야 할 그 무엇으로!

내가 비록 일천하지만 지금까지 철학과 사회과학을 공부하면서 얻은 작은 결론은, 이제 한국 사회도 이론적 측면과 실천적 측면 모두에서 개인을 전면에 내세워야 한다는 것이다. 철학과 사회과학은 이제 어떻게 자율적이고 주체적인 인격체인 개인들의 존재와 삶과 행위가 가능하며, 어떻게 이들이 그 무엇으로 소급되거나 그 무엇으로부터 도출될 수 없는 근원현상 또는 원천현상으로서 상호관계와 상호작용을 통해서 사회를 구성할 수 있는가를 논해야 한다. 그리하여 개인이 발견되어야 하고 개인이 독립만세를 외칠 수 있어야 한다. 그리고 바로 그 바탕 위에서 여성에 대한 논의를, 노인에 대한 논의를, 장애인에 대한 논의를, 성적 소수자에 대한 논의 등을 전개해야 한다.

나는 이러한 결론을 얻는 과정에서 그 누구보다도 짐멜에게 결정적으로 빚을 졌다. 그는 윤리학, 사회학, 미학, 철학 등 다양한 관점에서 개인의 문제를 다루고 있다. 개인은 짐멜이 사회와 문화를 보는 준거점이자 출발점이며 귀결점이다. 그리고 개인법칙은 그의 철학적-윤리적 핵심 개념이다. 짐멜의 개인법칙은—다시 한 번 강조하자면—칸트의 정언명령이나 니체의 힘에의 의지 및 초인과 비견할 수 있는 철학적-윤리적 원리인 것이다. 그리고 개인법칙은 내가 근(현)대를 읽어내는 중요한 사회철학적-윤리적 코드 가운데 하나이다.

짐멜은 1918년에 이르러서야 비로소 개인법칙에 대한 논의를 전개한 것은 아니다. 그는 이미 1900년대 초부터 개인법칙을 언급하기 시작한다. 그러다가 1913년 문화철학 저널 『로고스』에 「개인법칙: 윤리학 원리에 대한 시론」(Das individuelle Gesetz. Ein Versuch über das Prinzip der Ethik)이 게재된다. 1918년의 글은 바로 이 논문을 확대, 개편한 것이다.

본문에는 '중간 고찰'을 제외하고는 원래 소제목이 붙어 있지 않다.

다만 전체가 몇 부분으로 나누어져 있는데, 이 책에 나오는 소제목은 내가 짐멜이 나눈 각 부분에 붙인 것이다. 그리고 원문에는 한 문단이 몇 쪽이 될 정도로 긴 경우가 많아 짐멜의 논리 전개를 이해하기가 만만찮다. 독자들의 이해를 돕기 위해 내가 문단을 더 나누었다.

방금 언급한 두 글 이외에도 1917/18년 역시 문화철학 저널 『로고스』에 게재된 「예술작품에서의 법칙성」(Gesetzmässigkeit im Kunstwerk)이라는 논문도 "Das individuelle Gesetz"를 다루고 있다. 그것은 예술작품을 지배하는 법칙이니까 개인법칙이 아니라 개체법칙으로 옮기는 것이 타당할 것이다. 이번에 이 논문을 같이 옮기는 방안을 검토해 보았는데 나중에 『게오르그 짐멜 선집』 중 예술이론에 할애된 제7권에 포함하는 것이 낫겠다는 결론에 이르렀다.

올해가 짐멜 탄생 150주년이지만, 이제 불과 10년만 있으면 서거 100주년이 된다. 그는 60세를 일기로 세상을 떠났다. 비록 그동안 나의 공부가 부족해 이번 탄생 150주년에는 이처럼 초라한 '생일상'을 차리게 되었지만, 10년 후 서거 100주년은 푸짐한 '제사상'과 더불어 이 위대한 정신의 업적을 기릴 수 있도록 힘쓸 것이다. 그때까지는 우리의 자체적인 짐멜 연구를 가능케 하는 최소한의 지적 토대를 갖출 수 있도록 저술과 번역에 힘쓸 것이다. 최소한의 짐멜 토착화가 가능하도록 힘쓸 것이다.

여기에 번역된 글은 몹시 까다롭다. 윤리학, 인식론, 생철학, 형이상학, 문화철학, 자연철학, 스콜라 철학, 고대 철학 등과 같은 철학적 논의 이외에도 논리학, 심리학, 문학 등의 다양한 논의가 포함되어 있기 때문에 그러하다. 더구나 아주 까다로운 내용이 한두 줄로 처리된 경우는 마치 압축파일을 대하는 느낌마저 든다. 파일을 풀기는 풀어야 하는데 그것을 할 수 있는 프로그램이 없어 그저 멍하니 바라보아야만 하는 것과 같은 느낌!

쉬운 글이 능사는 아니다. 요즈음 한국에서 짐멜에 대한 관심이 고조되는 중요한 이유 중 하나가 그의 작품은 가볍게 읽힐 수 있다는 착각과 오해에서 비롯되지 않았나 하는 의구심이 든다. 그러나 짐멜의 지적 세계를 직접 접해 본 사람이면 누구나 알 수 있듯이, 그의 글은 아무리 사소해 보이는 문제를 다루고 아무리 분량이 적은 것이라도 그렇게 만만히 접근할 수 없다. 거기에는 심층적인 철학적-사회과학적 방법과 개념 및 이론이 토대를 이루고 있기 때문이다. 누군가 나에게 왜 칸트, 괴테, 니체에 대한 짐멜의 글과 같이 어려운 작품들을 『게오르그 짐멜 선집』에 포함했느냐고 물은 적이 있다. 나는 그게 지적 담론이고 그게 모더니티 이론이고 그게 짐멜이며, 또한 이러한 것들을 옮기는 것이 번역이라고 아주 간단히 대답했다.

사실 짐멜의 번역은—적어도 나에게는—그 어떤 다른 철학자나 사회과학자의 번역보다 힘들다. 짐멜을 읽고 가르치며 짐멜에 대해 글을 쓰면서 체험하는 것은 짐멜을 번역하면서 체험하는 것과 사뭇 다르다. 전자의 경우에 느끼는 기쁨과 즐거움 및 흥분은 후자의 경우 어느덧 고통과 불확실함 및 불만족으로 바뀌어버린다. 그리고 전자의 경우에 짐멜을 이해하고 짐멜에게 가까워진다는 생각이 후자의 경우에 어느새 짐멜을 오해하고 짐멜로부터 멀어지는 것은 아닌가 하는 생각으로 바뀌어버린다.

나는 이 책이 한국의 지적 담론에 의미 있거나 비중 있는 기여를 하리라고 생각지 않는다. 그 안에 담긴 구체적인 내용이 딱딱하다는 점 때문만에 그런 것은 아니다. 보다 근본적인 이유는 '개인'도 제대로 논의되지 않는 지적 풍토에서 '개인법칙'과 같이 언뜻 모순되어 보이는 개념과 이론에 대한 담론을 기대한다는 것 자체가 무리이기 때문이다. 다만 개인과 개인의 삶과 행위, 그리고 개인의 법칙이라는 것도 한번쯤은 생각해 볼 만한 의미와 가치가 있는 것이라는 공감대라도 형성될 수 있으면, 나는 그것으로 족할 것이다.

이처럼 분량도 적고 이해하기도 만만찮은 글을 단행본으로 출간하도록 흔쾌히 허락해 준 도서출판 길에 감사드린다. 사실 이번에 이 책보다는 더 두껍고 보다 쉽게 읽힐 수 있는(?) 『사회학적 미학』을 함께 출간할 수 있었더라면 더할 나위 없이 좋았을 것이다. 아무튼 일시적인 지적 유행에 휩쓸리지 않고 지속적으로 위대한 고전을 우리말로 옮길 수 있는 기회를 제공해 준 출판사가 없었더라면, 나는 이 시대가 진정으로 배워야 할 큰 정신인 짐멜 탄생 150주년을 그냥 지나칠 수밖에 없었을 것이다. 게다가 박우정 대표는 여느 때처럼 완성된 원고를 세밀하게 읽고 여러 가지 좋은 지적을 해주셨다. 마쿠스 슈타인(Marcus Stein) 교수님은 독일어 해독에 도움을 주셨다. 편집 책임자 이남숙 님은 지극히 건조하고 복잡하고 추상적이며 난해한 내용과 논리로 가득한 원고를 꼼꼼히 정리하고 점검하여 산뜻하고 멋진 책으로 만들어주었다. 도서출판 길과 슈타인 교수님 그리고 이남숙 님께 깊은 감사를 드린다. 나의 하빌리타치온 지도 교수인 카셀 대학의 요하네스 바이스(Johannes Weiss) 선생님과 잘 이해가 가지 않는 부분들에 대해 토론을 했다. 선생님께 제자의 감사하고 존경하는 마음을 전하는 바다.

2008년 3월 1일

게오르그 짐멜 탄생 150주년을 맞이하면서

2014년 8월 30일

김덕영

■ 출전

Georg Simmel, Viertes Kapitel: Das individuelle Gesetz, in: ders., *Lebensanschauung. Vier metaphysische Kapitel*, München/Leipzig: Duncker & Humblot 1922(2. Auflage; 1. Auflage 1918), pp. 150~239(=*Georg Simmel Gesamtausgabe 16*, Frankfurt am Main: Suhrkamp, 1999, pp. 346~425).

'새로운 윤리학의 원리를 찾아서'라는 부제는 원전에는 없는 것인데, 옮긴이가 짐멜의 의도를 반영해 붙인 것이다. 1913년에 문화철학 저널 『로고스』에 발표된 글에는 '윤리학 원리에 대한 시론'(Ein Versuch über das Prinzip der Ethik)이라는 부제가 주어져 있다.

■ 찾아보기